8 MINUTES PAR JOUR
POUR MAIGRIR DU BAS

Ouvrage publié sous la direction de Laure Paoli

Afin d'être suffisamment précis,
il était nécessaire de citer certaines marques
commerciales. Ces citations sont faites
à titre gratuit et ne constituent pas une appréciation
sur les marques mentionnées.

Pour des raisons de lisibilité,
nous avons choisi d'écrire les marques déposées
avec une majuscule, sans les faire suivre du sigle ®.
(Velcro, LPG, Fly Wheel, Tyco, Kendall, Cybex 6000,
Datavein, Cellu M6, Évian, Volvic, Vittel, Hépar, Contrex)

22, rue Huyghens, 75014 Paris
www.albin-michel.fr
ISBN : 2-226-14991-0

Dr Philippe Blanchemaison

8 MINUTES PAR JOUR POUR MAIGRIR DU BAS

Albin Michel

Sommaire

Introduction

Deux femmes sur trois se plaignent de cellulite, pensent faire de la rétention d'eau et craignent de présenter une silhouette déformée dans la moitié inférieure de leur corps, au niveau des hanches, des fesses, des cuisses, des mollets et des chevilles. Même les femmes minces sont touchées : certes elles sont fines du visage, des épaules, du buste, mais elles stockent l'eau et les graisses en dessous de la taille.

Or, maigrir du bas est une entreprise difficile : les régimes classiques n'ont que peu d'effet sur la rétention d'eau, et la graisse cellulitique est résistante à la gymnastique classique.

Mais, depuis quelques années, la recherche a fait d'énormes progrès dans la compréhension de ces deux phénomènes. Et de nouvelles découvertes permettent de déboucher sur des méthodes efficaces pour améliorer la situation.

Dans cet ouvrage, nous vous proposons une explication claire et détaillée des mécanismes complexes à l'origine du phénomène de la rétention d'eau, responsable à elle seule d'une prise de poids de 4 à 7 kg en moyenne dans la moitié inférieure du corps. Associée à des troubles de la circulation veineuse ou lymphatique, ou à un déséquilibre hormonal, c'est à elle que sont dus l'aspect congestif, marbré, capitonné des jambes et, surtout, la déformation de la silhouette.

On sait également que les muscles jouent un rôle important dans ce phénomène, et des études récentes ont montré que certains d'entre eux (les muscles posturaux) avaient une action plus importante que d'autres sur l'amélioration de la circulation sanguine et la cellulite. Bien sûr, 2 ou 3 heures de gymnastique bien menée par semaine leur assure une certaine tonicité mais beaucoup de femmes n'ont pas la possibilité ni souvent le goût de pratiquer un sport. C'est la raison pour laquelle nous vous proposons d'entraîner ces muscles posturaux, profonds (ils sont proches des os, contrairement aux muscles proches de la peau qui sont « responsables » du galbe), par une gymnastique rapide et régulière en 8 minutes quotidiennes. Bien sûr, ces mouvements ne vous transformeront pas en athlète de haut niveau, mais cet entraînement – que nous avons appelé Fast Gym – est néanmoins suffisant pour assurer un soutien des veines profondes, selon des mécanismes que nous allons détailler dans les pages qui suivent.

Par ailleurs, la découverte récente du rôle de certaines protéines mal digérées qui entraînent un effet « éponge » dans les tissus et retiennent l'eau de la même façon que le sel ou le sucre industriel, nous a incités à vous proposer d'adopter une nouvelle hygiène alimentaire. Elle consiste essentiellement à reconnaître et à éviter ces aliments « éponges » dans la nourriture moderne, et à favoriser les aliments drainants.

C'est donc un véritable régime antirétention d'eau et anti-capitons graisseux que nous nous proposons de vous faire découvrir. En complément, nous ferons un rapide tour d'horizon des méthodes de la physiothérapie moderne utilisées par les médecins et les kinésithérapeutes, et de nouveautés qui, comme l'aquadrainage lymphatique associé dans les cas sévères à l'utilisation de médicaments, ont permis de définir un véritable Programme antirétention d'eau (Paréau).

La méthode que nous vous proposons dans ce livre permet, grâce à une cure d'attaque de 15 jours, d'agir sur les paramètres qui ont été reconnus coupables du « grossissement du bas », c'est-à-dire de :
- renforcer les parois veineuses ;
- renforcer les muscles posturaux (par un programme de Fast Gym de 8 minutes par jour) ;
- rééquilibrer le système hormonal et le système lymphatique ;
- supprimer les aliments « éponges ».

En 15 jours, une perte de 1 à 3 kg peut être amorcée, poursuivie par un programme d'entretien particulièrement axé sur l'élimination du stockage d'eau et de la graisse cellulitique.

Chapitre 1

Une histoire d'eau

Le phénomène du grossissement est complexe ; les paramètres sont nombreux, génétiques, comportementaux, physiologiques et psychologiques… Mais nous allons tenter de vous l'expliquer, partant du principe que bien connaître les mécanismes du grossissement, c'est s'armer pour les combattre avec succès.

À l'origine, il y a l'eau. Elle constitue 50 à 60 % du poids total du corps humain. Autrement dit, une femme de 40 ans pesant 55 kg contient environ 30 litres (soit 30 kg) d'eau ! Sur ces 30 litres d'eau, les 3/5 (18 litres) sont liés à la matière qui constitue le corps et entrent dans la composition des muscles, des os, de la peau… On l'appelle « eau intracellulaire » ; indispensable au bon fonctionnement de l'organisme, on ne peut et surtout on ne doit pas y toucher.

Restent donc environ 12 litres d'eau dite « extracellulaire » qui circulent dans l'ensemble du corps, dont 4 litres environ se retrouvent dans le sang, nos liquides digestifs, notre salive, notre moelle épinière…

Les 8 litres d'eau (en moyenne) restants constituent ce qu'on appelle le liquide interstitiel. Il baigne nos cellules et ne reste jamais immobile, en principe. Nous allons voir que ce n'est malheureusement pas toujours le cas et que c'est là la source des désagréments de beaucoup d'entre nous.

Chaque jour, ces 8 litres d'eau sortent de nos artères, lavent nos cellules et sont ensuite réabsorbés par nos veines et nos vaisseaux lymphatiques. Cet extraordinaire mouvement de lavage quotidien suppose un équilibre parfait : il faut que la même quantité d'eau sorte des artères et soit réabsorbée par les veines et les lymphatiques. Il faudrait qu'il n'y ait jamais plus de 8 litres d'eau entre les cellules, dans les espaces interstitiels. Au moindre déséquilibre, c'est-à-dire lorsque trop d'eau sort ou trop peu d'eau est réabsorbée – lorsqu'on a une mauvaise circulation veineuse, par exemple, ou une mauvaise circulation lymphatique, ou encore que nos vaisseaux sont trop perméables (un état lié à un déséquilibre hormonal, mais nous y reviendrons sous peu) –, l'eau en excès reste et stagne entre les cellules. On parle alors de rétention d'eau. Dans le pire des cas, la quantité de liquide interstitiel peut aller jusqu'à doubler et c'est cette eau « en trop » qui déforme la silhouette, empâte la partie basse du corps au même titre qu'un stockage de graisse. C'est sur elle que l'on peut et que l'on doit agir.

Ce cycle de l'eau dans notre corps est un des mécanismes les plus finement réglés du métabolisme. Mieux le comprendre est indispensable pour savoir agir à sa source lorsqu'il se dérègle.

Une affaire de circulation

Cet extraordinaire mouvement de lavage de nos tissus est conditionné par la qualité de notre circulation sanguine. Nous allons voir qu'une mauvaise circulation peut être le point de départ d'un déséquilibre du cycle de l'eau, et au final d'une rétention d'eau.

Mais d'abord, qu'entend-on par mauvaise circulation ?

En fait, l'expression est trop générale. Il y a 4 sortes de vaisseaux : les artères, les veines, les capillaires, les lymphatiques et, lorsqu'on évoque une mauvaise circulation, il faudrait préciser si l'on parle de circulation artérielle, veineuse, capillaire ou lymphatique. Car chacun de ces dysfonctionnements se caractérise par des effets différents.

La mauvaise circulation artérielle

Elle se traduit au niveau des jambes par la survenue de douleur dans les mollets lors de la marche. Ces douleurs peuvent être suffisamment intenses pour obliger la personne à faire des pauses, de façon répétitive. Elles sont liées à ce que l'on appelle « artérite », qui ne joue aucun rôle dans la rétention d'eau.

La mauvaise circulation capillaire

Elle se traduit, elle, au niveau des jambes par des sensations de pieds froids, ou par un aspect marbré de la peau. Ce problème n'est pas non plus à l'origine de la rétention d'eau.

La mauvaise circulation veineuse

Elle correspond à des sensations de jambes lourdes, gonflées, à l'apparition de varices ou de varicosités sur les jambes ou de bleus spontanés. C'est la grande responsable du problème qui nous préoccupe.

La mauvaise circulation lymphatique

Elle se traduit par des pieds et des chevilles gonflés. Un phénomène qui peut parfois être très important. Il peut s'étendre jusqu'aux orteils, ce qui est caractéristique d'une atteinte lymphatique. Elle aussi peut se traduire par une rétention d'eau, bien que le cas se présente moins souvent que pour la mauvaise circulation veineuse.

Test 1

Avez-vous une bonne circulation veineuse ?

Ce test va vous permettre de déterminer si vous souffrez ou non d'un problème veineux. Pour cela, répondez aux questions et faites le total des points figurant à droite des questions. Puis reportez-vous aux commentaires.

1 Êtes-vous... ?

Un homme 0
Une femme 1

2 Quel est votre âge ?

Moins de 14 ans 0
De 14 à 29 ans 1
De 30 à 45 ans 2
Plus de 45 ans 3

3 Depuis combien de temps menez-vous une vie sédentaire ? (Arrêt du sport, utilisation systématique de la voiture, des ascenseurs...)

Vie non sédentaire 0
De 1 à 3 ans 1
De 3 à 10 ans 2
Plus de 10 ans 3

4 Avez-vous un excès de poids par rapport au poids où vous vous sentez en forme ?

Non 0
Oui, de 1 à 5 kg 1
Oui, de 5 à 10 kg 2
Oui, plus de 10 kg 3

5 Combien avez-vous eu de grossesses à terme ?

Pas de grossesse 0
1 grossesse 1
2 grossesses 2
Plus de 2 grossesses 3

6 Si vous travaillez, quelle est votre position la plus fréquente ?

Assise, debout ou piétinement moins de 4 h par jour 0
Assise, debout ou piétinement de 4 à 8 h par jour 1
Assise, debout ou piétinement plus de 8 h par jour 2
Assise, debout ou piétinement plus de 8 h par jour, avec de fréquents longs trajets en voiture, train ou avion 3

7 Avez-vous des antécédents familiaux (père ou mère) de varices ?

Non aucun 0
1 parent variqueux 1
2 parents variqueux 2
2 parents variqueux dont un ayant eu des complications 3

8 Faites-vous de la marche, de la natation, de la bicyclette, du footing et/ou de la gymnastique ?

Oui au moins 3 h par semaine 0
Moins de 3 h par semaine 1
De façon irrégulière (vacances) 2
Jamais.. 3

9 Souffrez-vous de la sensation de jambes lourdes ?

Non, jamais 0
Oui, occasionnellement 1
Oui, souvent 2
Je souffre de fortes douleurs quasi permanentes 3

10 Si vous avez des lourdeurs de jambes, augmentent-elles avec :

La chaleur 1
La pilule et les traitements hormonaux 2
Systématiquement avant les règles 1

11 Avez-vous les chevilles gonflées ?

Non, jamais 0
Seulement lors des grandes chaleurs ou les longs trajets en avion, train, voiture 1
Oui, presque tous les jours mais seulement le soir 2
Oui, tous les jours dès le matin................................. 3

RÉSULTATS

Si votre score total est :

Inférieur ou égal à 11

Vous avez un faible risque d'insuffisance veineuse. Suivez bien les conseils d'hygiène de vie ci-après pour conserver des veines en bonne santé.

Compris entre 12 et 22

Vous avez un risque d'insuffisance veineuse et/ou cette affection entraîne déjà chez vous un certain nombre de signes témoignant de la faiblesse de votre réseau veineux. Il est temps d'agir de façon active et personnelle (sport, règles d'hygiène veineuse) et médicalisée (veinotoniques, contention, drainage lymphatique...).

Supérieur ou égal à 23

Vous souffrez d'insuffisance veineuse avérée ou vous présentez un risque élevé d'en souffrir un jour. Il faut stopper l'évolution de la maladie par une prise en charge médicalisée (sclérose, chirurgie, laser) et consolider les résultats obtenus par le respect des règles de vie énoncées ci-après.

Comment se produit la rétention d'eau ?

Je vous propose maintenant un voyage à l'intérieur de nos jambes, au cœur de nos vaisseaux. J'ai essayé de rendre cette démonstration le moins ardu possible, mais si vous préférez ne pas entrer dans les détails, rendez-vous au prochain chapitre.

Un circuit très précis

Le rôle de l'artère est d'amener un bon sang rouge vif chargé de nutriments et d'oxygène aux cellules qu'il va nourrir. Après avoir utilisé pour leur fonctionnement cet oxygène et ces nutriments, les cellules rejettent des déchets et du gaz carbonique.

Les veines profondes prennent alors le relais et ramènent le mauvais sang, couleur rouge sombre car chargé de toxines, des pieds vers le cœur. Lorsque tout se passe correctement, la mécanique tourne comme une horloge ! Mais il arrive qu'elle « se grippe », en particulier lorsque l'individu souffre de troubles circulatoires.

Les troubles circulatoires

Les troubles circulatoires des artères et des veines profondes sont très différents. Lorsqu'une artère s'abîme, elle se rétrécit et devient rigide. On parle alors d'artériosclérose. Lorsqu'une veine se détériore, elle va, au contraire de l'artère, s'assouplir, se distendre, se dilater, car sa mission est tout autre. Elle draine les toxines et l'eau de lavage des cellules. Or, ramener le sang des pieds vers le cœur tous les jours, en luttant contre le phénomène de gravité, ne va pas sans poser problème.

Nous vivons en position debout ou assise prolongée ; notre sang pèse donc un certain poids et tend à redescendre vers les pieds et donc à dilater les veines. Pour mieux comprendre, imaginez un ballon de baudruche en forme de boudin rempli d'eau. Si vous le tenez vertical, ses parois ne resteront pas parallèles, il prendra plutôt la forme d'une poire ou d'une goutte d'eau. C'est la même chose pour une veine : si sa paroi n'est pas assez solide (la cause peut être héréditaire), elle va progressivement se distendre. C'est le début d'un cercle vicieux car plus elle se distend, plus la quantité (et donc le poids) de sang qu'elle peut et qu'elle va accueillir va augmenter, et plus il va être difficile de remonter ce sang vers le cœur. Le sang veineux stagne alors dans les jambes. C'est lui qui va favoriser la rétention d'eau, comme nous le verrons plus tard.

Muscles, veines superficielles et veines perforantes

Continuons notre voyage et ajoutons aux artères et aux veines profondes deux autres acteurs essentiels de la circulation veineuse : les muscles et les veines superficielles.

Les veines profondes sont entourées de muscles dont les plus importants sont les muscles profonds appelés aussi muscles posturaux. Ces muscles entourent et soutiennent les veines. Si celles-ci sont trop fragiles et se laissent distendre trop facilement par le poids du sang, les muscles agissent comme une véritable contention naturelle capable de les soutenir.

On comprend d'emblée toute l'importance d'un bon tonus et d'une bonne activité musculaire. Or, les veines profondes qui sont dans nos muscles et ne se voient pas représentent 80 % de l'ensemble des veines de nos jambes. Les 20 % restant sont dans la peau ou sous la peau, dans le tissu graisseux. Lorsque ces veines, dites superficielles, sont malades, elles se distendent et peuvent former des varicosités (petits chevelus violacés apparents sur les jambes) ou des varices (grosses veines bleues tortueuses, visibles sous la peau).

N'oublions pas que nous sommes la plupart du temps en position verticale, assise ou debout, et que la pression dans les veines, c'est-à-dire le poids du sang, peut augmenter de façon très importante si elles se distendent. Or, les veines profondes et les veines superficielles communiquent tout le long de la jambe par une troisième sorte de veines dites perforantes. Selon le célèbre principe des vases communicants, toute distension des veines profondes dans les muscles va donc se répercuter dans les veines superficielles, favorisant le phénomène de rétention d'eau au niveau de la peau et dans la cellulite.

Première conclusion, après cette première étape dans l'intimité de nos cellules : il ne faut pas espérer obtenir un résultat durable lors d'un traitement de rétention d'eau chez une patiente présentant une dilatation importante des veines profondes, sauf à renforcer le soutien musculaire de ces veines, c'est-à-dire à renforcer les muscles profonds posturaux. Les 8 minutes quotidiennes de Fast Gym telles que nous les décrivons au chapitre 4 peuvent y parvenir.

Ajoutons maintenant le dernier acteur de la circulation sanguine dans les jambes : les vaisseaux lymphatiques. La plupart d'entre eux longent les veines superficielles des membres inférieurs. Leur rôle est de ramener l'eau en excès des jambes vers le cœur. Ils sont en quelque sorte une soupape de sécurité qui, lorsqu'elle fonctionne parfaitement, évite la rétention d'eau.

Résumons

Les conditions d'une bonne circulation

• Le sang frais, chargé de nutriments et d'oxygène, descend par les artères depuis le cœur vers les jambes pour nourrir les tissus.

• Les cellules rejettent déchets, toxines et gaz carbonique, qui vont être ramenés par les veines profondes et les veines superficielles depuis les pieds vers le cœur. Ce retour veineux se fait contre la pression de la pesanteur. Il faut donc lutter contre le poids du sang qui tend à distendre les veines.

• Parallèlement à ce rôle de la circulation qui consiste à véhiculer les nutriments pour nourrir les cellules et à ramener les déchets vers le cœur, le second rôle qui lui est dévolu est d'amener l'eau nécessaire dans les tissus pour exécuter le lavage quotidien de toutes les cellules. Chaque jour, 8 litres d'eau sortent de nos artères pour laver nos cellules. 90 % de cette eau sont réabsorbés par les veines et 10 % par les vaisseaux lymphatiques.

Imaginez maintenant que cette eau sortie des artères ne soit pas entièrement réabsorbée par les veines et les lymphatiques : elle va alors rester dans les tissus interstitiels, entre les cellules, au niveau des pieds et des chevilles, en particulier. Si cette rétention d'eau est importante, elle devient visible et fait gonfler les chevilles ; on parle d'œdème. Dans la plupart des cas, la rétention d'eau touchera l'ensemble de la jambe et s'installera principalement sur les hanches, les faces externes des cuisses et les faces internes des genoux et des chevilles. Elle s'associera alors à la surcharge graisseuse pour donner l'aspect congestionné de peau d'orange. Elle pourra également infiltrer les tissus sans véritable œdème et siéger au niveau des doigts, des mains, des paupières…

Les mécanismes qui empêchent l'eau d'être réabsorbée

Essayons maintenant de comprendre pourquoi, dans certains cas, toute l'eau qui sort des artères ne parvient pas à être réabsorbée par les veines et les lymphatiques. En d'autres termes, quels sont les mécanismes qui peuvent conduire à la situation de rétention d'eau ?

Une circulation veineuse défaillante

Si, comme nous l'avons vu plus haut, les veines sont trop dilatées, le poids du sang va augmenter dans les veines. C'est une loi purement physique : la pression trop importante dans les veines empêche la réabsorption de la totalité de l'eau sortie des artères.

Une défaillance de la circulation lymphatique

Normalement, comme nous l'avons dit, si nos veines ne fonctionnent pas bien, la nature a prévu une roue de secours : les lymphatiques. Ils ont pour mission d'augmenter la part d'eau qu'ils vont ramener vers le cœur pour éviter que de l'eau en excès ne reste dans les tissus. Si ces vaisseaux lymphatiques ne fonctionnent pas bien, un deuxième mécanisme de rétention d'eau est mis en branle. En cas de dysfonctionnement important, on parle de lymphœdème.

La présence de molécules dans le tissu interstitiel

Ce sont de grosses molécules qui peuvent être des protéines mal digérées, du sucre ou du sel. Ces grosses molécules ont un effet dit « éponge » parce qu'elles retiennent l'eau.

Pour mieux comprendre, revenons à notre ballon rempli d'eau et plongeons-le dans une cuvette remplie de la même eau. Soutenu par la pression de l'eau extérieure, celle de la cuvette, le ballon ne se dilatera plus en forme de goutte. Il gardera sa forme de boudin à bords parallèles.

Imaginons maintenant que nous versions dans l'eau de la cuvette de grosses protéines, du sel ou du sucre. Il va se produire un phénomène connu sous le nom de « pression osmotique ». Il s'agit d'une loi physique qui stipule que l'eau va toujours du milieu le moins concentré vers le milieu le plus concentré. Ainsi, les grosses protéines, le sel ou le sucre qui séjournent dans l'eau de la cuvette vont produire un effet « éponge » et vont attirer l'eau du ballon vers la cuvette.

Il en va de même pour notre système veineux : si des protéines, du sucre ou du sel séjournent dans les espaces intersticiels, l'eau sortira des veines pour rejoindre le milieu le plus concentré. C'est cet effet « éponge » qui est à l'origine de la rétention d'eau observée chez les personnes qui présentent une intolérance à certains aliments qui, incomplètement dégradés par le tube digestif, resteront sous forme de grosses protéines dans les tissus.

Comment lutter contre le relâchement de la paroi veineuse

Pour revenir à notre ballon de tout à l'heure, celui qui se dilate en forme de goutte d'eau, une des solutions pour empêcher ce phénomène consiste à renforcer les parois. Remplaçons donc le ballon à parois de caoutchouc très souples par un ballon à parois épaisses et solides donc peu déformables. En position verticale, malgré l'augmentation de la pression, le ballon gardera sa forme régulière. C'est ce qui se passe dans nos jambes lorsque les veines ont, comme le ballon, une paroi assez solide.

Imaginons maintenant que ce ballon qui symbolise nos veines soit entouré d'un renfort suffisamment résistant pour éviter les déformations. C'est ce qu'a prévu la nature en positionnant 80 % des veines de nos jambes au cœur des muscles. Ces derniers agissent comme un soutien en cas de fragilité des parois veineuses. Si, à leur tour, les muscles ne sont plus assez toniques, car insuffisamment sollicités du fait d'une trop grande sédentarité par exemple, les veines perdront l'avantage de cette roue de secours.

Le cas particulier des veines poreuses

Illustration d'un autre mécanisme responsable de rétention d'eau. Prenons toujours notre ballon et imaginons que ses parois soient poreuses et que l'eau perle à travers. Dans notre corps, l'augmentation de perméabilité des veines est conditionnée notamment par l'équilibre hormonal entre les œstrogènes et la progestérone. Tout excès d'œstrogènes ou tout manque de progestérone peut conduire à une perméabilité excessive des veines. C'est en particulier ce qui arrive dans le syndrome prémenstruel : gonflements que certaines femmes ressentent avant les règles, tension au niveau des seins, gonflement des pieds et des chevilles et sensation d'être engorgée au niveau des jambes et du bassin.

Test 2

Faites-vous de la rétention d'eau ?

Répondez aux 5 questions suivantes :

1 – Votre poids peut-il varier de 1 à 3 kg en moins d'une semaine ?

OUI NON

2 – Si vous faites un régime draconien, maigrissez-vous du haut et rarement du bas ?

OUI NON

3 – Vos pieds ou vos chevilles sont-il gonflés quand il fait chaud ?

OUI NON

4 – Vos pieds ou vos chevilles sont-ils gonflés lorsque vous faites de longs trajets en avion ?

OUI NON

5 – Si vous appuyez avec votre pouce sur la peau des chevilles, l'empreinte du pouce est-elle visible pendant plus de 2 secondes ?

OUI NON

COMMENTAIRE

Si vous avez répondu OUI à plus de 2 questions, vous êtes sujette aux phénomènes de rétention d'eau. Cela veut dire que, lorsque vos cellules sont lavées par l'eau qui sort des artères, une partie de l'eau ne peut être réabsorbée par les veines et les lymphatiques.

Chapitre 2

Ce qui fait gonfler les jambes

Nous venons de voir qu'une quantité d'eau excessive dans les tissus interstitiels pouvait être liée à trois causes :

Une mauvaise circulation veineuse ou lymphatique

Les veines sont trop dilatées car leur paroi est fragile, soit pour des raisons héréditaires, soit à cause d'une sensibilité à des facteurs de mode de vie moderne, tels l'alimentation moderne, la sédentarité, le stress...

Un excès de perméabilité des vaisseaux

Une quantité excessive d'eau, supérieure aux 8 litres initialement programmés par la nature, filtre à travers les veines vers les tissus interstitiels. Plusieurs facteurs peuvent rendre nos vaisseaux trop perméables. L'un d'eux est l'inflammation. Lorsque nous subissons un traumatisme, une entorse de cheville par exemple, la cheville gonfle. C'est un mécanisme de défense de l'organisme : pour accélérer la réparation des ligaments qui ont été distendus pendant l'entorse, des substances appelées médiateurs de l'inflammation sont apportées sur place par le sang. Ces substances ont pour mission de rendre le vaisseau plus perméable pour faciliter le passage des globules blancs des vaisseaux vers les tissus pour réparer les cellules ou attaquer les éventuels germes qui pourraient avoir été introduits s'il y avait une plaie.

Ce passage des globules blancs s'accompagne forcément d'un passage d'eau lié à l'augmentation de la perméabilité du vaisseau, d'où les gonflements que l'on observe dans toute réaction inflammatoire. La rougeur, quant à elle, est liée à la dilatation des vaisseaux qui est programmée pour apporter une plus grande quantité de sang (et donc de globules blancs) sur place.

Un déséquilibre hormonal

Nous l'avons déjà signalé, la cause la plus fréquente d'augmentation de perméabilité des vaisseaux est liée à un déséquilibre hormonal entre œstrogènes et progestérone. Quand la quantité d'œstrogènes est excessive par rapport à la quantité de progestérone dans le sang, les vaisseaux deviennent trop perméables et on ressent des sensations de gonflement, de congestion et de rétention d'eau. Les femmes qui y sont sujettes verront leur visage, leurs doigts et leurs jambes gonfler avant les règles, ou présenteront des douleurs au niveau des seins.

Test 3

Souffrez-vous d'un déséquilibre hormonal ?

Répondez aux 5 questions suivantes :

1 – Avez-vous des kystes au niveau des seins ?

OUI NON

2 – Vos règles sont-elles irrégulières ?

OUI NON

3 – Vos règles sont-elles extrêmement abondantes ?

OUI NON

4 – Ressentez-vous des douleurs au niveau du bassin pendant les règles ?

OUI NON

5 – Avez-vous des douleurs aux seins pendant les règles ?

OUI NON

Commentaires

Si vous avez répondu OUI à plus de 2 questions, vous présentez vraisemblablement un déséquilibre hormonal. Votre gynécologue sera à même de confirmer le diagnostic, de rechercher sa cause, et d'équilibrer vos hormones par un traitement adéquat.

La présence de molécules « éponges »

Comme nous l'avons vu dans l'expérience du ballon, le sel et le sucre sont susceptibles d'« aspirer » et de retenir l'eau. Il faut donc se méfier d'une alimentation trop salée ainsi que d'un excès de sucre industriel provenant de gâteaux, de sucreries, de sodas, de produits laitiers édulcorés.

Mais nous avons également évoqué la responsabilité de certaines protéines. Pourtant, les protéines ont bonne presse ; tout le monde sait qu'elles servent à construire nos tissus, nos os, nos muscles et notre peau. Alors comment, dans certains cas, peuvent-elles devenir nocives ?

L'importance de la digestion des protéines

Une protéine est une grosse molécule qui est en fait un assemblage d'acides aminés. On pourrait faire la comparaison avec une petite maison en briques. Chaque brique qui la constitue est un acide aminé.

Normalement, au cours de la digestion, les enzymes digestives qui se trouvent dans notre tube digestif ont pour mission de séparer chacune des petites briques, qui va être ensuite assimilée pour aller construire nos cheveux, nos ongles, notre peau, nos os. Si une protéine est incomplètement dégradée, soit parce que sa forme chimique est trop complexe, soit parce que nous ne disposons pas du capital enzymatique digestif suffisant, il reste quelques assemblages d'acides aminés que l'on appelle les **peptides**.

Un peptide est donc un assemblage d'acides aminés, pouvant provenir d'une protéine incomplètement digérée. Pourquoi est-elle si mal digérée ?

Des protéines de plus en plus chimiques

Les produits transformés de l'alimentation moderne ont fait des progrès extraordinaires en matière de conservation, d'élimination des bactéries, mais aussi de goût. Plus un produit est transformé, raffiné, conservé, plus son goût est altéré. Or il est possible d'améliorer le goût d'un aliment devenu insipide ou trop sec à force de transformations en y ajoutant des produits chimiques qui retiennent l'eau ou le gras : des produits émollients, par exemple, qui sont capables d'adoucir et d'amollir un produit trop sec ou trop dur. Ils permettent d'agir sur un des paramètres qui forment le goût, et que l'on appelle l'onctuosité.

Aux notions de base que l'on apprend au lycée sur le goût, telles que le sucré, le salé, l'acide… s'ajoutent d'autres notions qui sont maintenant parfaitement évaluées et maîtrisées par l'industrie agroalimentaire. L'onctuosité fait partie de ces notions. Elle est obtenue dans un aliment par l'adjonction d'un corps gras ou d'eau qui améliore la sensation de « velouté ». Le jambon, par exemple. S'il est trop sec, il n'est pas bon. On peut améliorer sa saveur en l'enrichissant en gras ou en lui associant des produits émollients et humectants qui vont augmenter la quantité d'eau. Cela permettra d'une part d'améliorer l'onctuosité, et d'autre part d'accroître le poids du produit (ce qui n'est pas pour déplaire à tout le monde !). On trouve aujourd'hui des produits émollients partout, y compris dans les biscuits secs qui deviennent ainsi... moins secs.

Une inégalité indéniable...

La plupart d'entre nous métabolisons très bien ces produits chimiques de l'industrie agroalimentaire que l'on retrouve dans la plupart des produits transformés et conservés, et particulièrement dans les produits complexes tels les plats préparés à l'avance, les soupes...

Mais ces protéines chimiques, chez certaines personnes, seront dégradées incomplètement dans le tube digestif et, au lieu de devenir des petites briques d'acides aminés, resteront groupées par petits assemblages de briques, un peu comme si la maison en briques, citée plus haut, avait été détruite de façon incomplète, répartie en petits assemblages de briques dont certaines restent encore collées.

L'équivalent dans notre organisme de ces petits assemblages de briques collées sont les fameux peptides. On les retrouve dans le sang, puis dans les tissus interstitiels, et on peut les voir se comporter comme de véritables éponges vis-à-vis de l'eau et la retenir dans les tissus.

•••••• Prenons le cas ••••••

d'une jeune fille de 18 ans…

… qui se plaint d'une rétention d'eau diffuse dans le corps, d'une sensation de congestion généralisée. Ses paupières sont un peu gonflées le matin au réveil, ses doigts parfois un peu boudinés et elle présente déjà une cellulite congestive avec rétention d'eau au niveau des cuisses et de la face interne des genoux.

Comme beaucoup de jeunes filles de son âge, elle mange… moderne et, malgré le fait qu'elle veille à consommer suffisamment de fruits et légumes, on retrouve dans son alimentation certains produits de l'agroalimentaire que ses amies supportent très bien, mais qu'elle ne digère qu'incomplètement.

Chez elle, ces produits deviennent des **aliments « éponges »**.

Ce peut être des additifs alimentaires émollients, des humectants, mais également des agents de charges, des produits séquestrants, des affermissants, des stabilisants, des exhausteurs de goût, des émulsifiants ou des édulcorants. Dans de nombreux produits, particulièrement appréciés par les jeunes femmes (soupes toutes prêtes ou plats préparés à l'avance), on retrouve des produits épaississants ainsi que des amidons modifiés et des pectines utilisés pour leurs propriétés gélifiantes. Ils améliorent considérablement, comme les autres polysaccharides, la sensation de velouté en bouche et parviennent même à donner une consistance proche de celle des produits riches en matières grasses, alors qu'ils n'en contiennent pas !

De nombreuses substances chimiques qui paraissent anodines sont utilisées également pour stabiliser les protéines, comme le saccharose, le glycérol, le sorbitol ou le mannitol, et des sels comme le sulfate d'ammonium. Elles peuvent être mal tolérées et non digérées sans que celle qui les consomme s'en rende compte.

Que ce soit par un mécanisme d'intolérance alimentaire, d'allergie, de digestibilité incomplète de molécule chimique, de nombreux produits de notre environnement alimentaire sont ainsi capables d'entraîner une réaction de rétention d'eau.

Celle-ci va se combiner à la graisse pour faire prendre du poids, et la part d'eau va représenter une masse importante de 4 à 7 kg (jusqu'à 15 kg dans certains cas extrêmes) qui ne se laisseront pas déloger par un régime hypocalorique classique au cours duquel seule la graisse mobilisable du haut du corps aura tendance à fondre.

Même certains additifs alimentaires, comme les sulfites que l'on trouve dans les fruits secs, les purées en flocons, les moutardes, les jus de citron préparés à l'avance, les olives conservées, donc des aliments qui ont en général une bonne presse santé, peuvent entraîner une rétention d'eau par mécanisme allergique chez certaines personnes. Même chose pour les benzoates que l'on trouve dans la plupart des sodas, y compris les « light ».

Des causes liées à des maladies plus graves

On a vu que certaines protéines mal dégradées formaient des peptides qui restaient dans les tissus interstitiels et retenaient l'eau. À l'inverse, le manque de protéines en quantité dans l'alimentation peut également entraîner de la rétention d'eau car le phénomène, dans le cœur de son mécanisme, est encore plus fin et complexe. En fait, c'est la différence de concentration de protéines entre le sang et le tissu interstitiel qui fait retenir l'eau dans les tissus. S'il y a trop de protéines dans le tissu interstitiel (aliments « éponges »), l'eau y restera. Mais le même phénomène se produit s'il n'y a pas assez de protéines dans le sang. Quelqu'un qui ne mange pratiquement pas ou très peu de protéines, peut avoir de l'œdème ; c'est le cas des petits enfants africains que l'on voit avec un gros ventre alors qu'ils sont totalement dénutris : ce gros ventre est en fait rempli d'eau du fait de l'absence totale de protéines dans leur alimentation et donc dans leur sang.

On peut également avoir des gonflements lorsque les reins ou le foie fonctionnent mal. Une maladie rénale que l'on appelle le syndrome néphrotique entraîne une fuite de protéines dans les urines, responsable de gonflement et de rétention d'eau du fait de l'appauvrissement du sang en protéines. De même, certains alcooliques ou les porteurs de cirrhose du foie peuvent avoir de la rétention d'eau et de l'œdème à cause d'une synthèse hépatique insuffisante en protéines.

Enfin, certains médicaments tels les inhibiteurs calciques que l'on donne pour l'hypertension artérielle sont également susceptibles d'entraîner une rétention d'eau.

On le voit, même dans les maladies graves, l'alimentation ou un problème de métabolisme des protéines est fréquemment impliqué comme étant à l'origine de ce dérèglement qu'est la rétention d'eau.

La cellulite, une réserve qui n'a plus lieu d'être

La troisième cause est liée à la rétention de la graisse qui peut se situer juste sous la peau et que l'on nomme cellulite, ou bien un peu plus profondément au-dessus des muscles et que l'on nomme stéatomérie. Ces dépôts graisseux se localisent au niveau des hanches, de la face externe des cuisses, de la face interne des genoux, et souvent, de façon diffuse, sur l'ensemble des jambes et du ventre. Les rétentions d'eau et de gras coexistent souvent dans certaines formes de cellulite.

Une prédisposition génétique est liée à l'activité d'une enzyme qui se trouve dans nos cellules graisseuses et que l'on appelle la lipoprotéine lipase. C'est elle qui règle la quantité de graisse qui, chaque jour, va être stockée ou, au contraire, utilisée pour produire de l'énergie. Ce mécanisme a été programmé au fil de notre évolution pour que nous soyons moins sensibles aux périodes de disette qu'ont pu connaître nos ancêtres à l'époque des cavernes entre deux périodes de chasse ou en raison des variations climatiques. Les femmes en particulier ont développé ce mécanisme de stockage d'énergie pour pouvoir faire face aux besoins énergétiques d'une éventuelle grossesse. L'activité de cette enzyme est génétiquement programmée. Pour certaines femmes, cette enzyme fonctionne plutôt dans le sens du stockage du gras ; pour d'autres dans le sens de l'utilisation du gras pour les besoins énergétiques du corps.

Aujourd'hui, cette graisse de réserve n'a plus lieu d'être, car nous n'avons plus de périodes de disette, du moins dans les pays industrialisés. Néanmoins, en cas d'excès alimentaire dépassant nos besoins, ce mécanisme perdure, d'autant que la graisse stockée aux cuisses, si elle déforme la silhouette et entraîne un préjudice esthétique, reste en tout cas moins nocive que celle qui se dépose dans les artères jusqu'à les boucher.

La survenue de la cellulite n'est pas qu'une histoire de quantité d'aliments ingérés. La qualité des aliments compte énormément. En particulier :

La mauvaise qualité des graisses

Les plus mauvaises sont les graisses cuites et les acides gras saturés. Ceux-là se métabolisent difficilement et vont se stocker directement dans la cellulite. Autrefois on apprenait, dans les écoles de médecine, que le grand ennemi en termes de graisse était le cholestérol. Aujourd'hui, quatre conditions laissent présager des risques :
– La présence de cholestérol toujours qui, en excès, favorise l'artériosclérose et bouche les artères ;
– La présence de graisses cuites qu'il faut éviter dans la mesure du possible ;
– L'utilisation d'acides gras saturés tels le beurre, l'huile d'arachide, les graisses animales des charcuteries et de la viande grasse ;
– L'absence d'oméga 3, ces fameux acides gras protecteurs que l'on trouve dans les poissons des mers froides, le maquereau, le hareng, le saumon sauvage, et dans certaines huiles végétales tel le colza.

Les bonnes graisses correspondent donc à quatre critères : graisses crues, riches en oméga 3, pauvres en cholestérol, riches en acides gras polyinsaturés. Elles se métabolisent mieux, renforcent les membranes de nos cellules et fluidifient le sang. Les mauvaises graisses, en particulier les graisses cuites, sont susceptibles de se stocker directement dans les zones cellulitiques.

L'excès de sucres industriels

Les graisses ne sont pas seules en cause dans la cellulite. On sait aujourd'hui que les sucres industriels sont directement impliqués. En effet, on a découvert des récepteurs à l'insuline, cette hormone qui régule la quantité de sucre dans notre sang, sur les membranes des cellules graisseuses, les adipocytes qui sont dans la cellulite. Les sucres industriels, en particulier le saccharose, sont susceptibles d'aggraver la cellulite. Il faut préférer les sucres naturels, ceux des fruits et des légumes ou des céréales qui, lorsqu'elles sont complètes et non dénaturées, sont suffisamment riches en vitamines et en minéraux pour être correctement métabolisées.

Le manque de vitamines

L'ingestion quotidienne d'une quantité suffisante de vitamines et de minéraux est nécessaire, et le manque est préjudiciable. En effet, les grands nutriments que sont les protéines, les sucres (glucides) et les graisses (lipides), nécessitent l'utilisation de vitamines et de minéraux pour être correctement digérés.

Chacun de ces groupes d'aliments est constitué de petites briques. Les petites briques des protéines, par exemple, sont les acides aminés. Une protéine est un ensemble d'acides aminés collés entre eux comme les petites briques d'une maison (nous l'avons vu précédemment).

Les petites briques des sucres sont les molécules de glucose ou de fructose qui, assemblées entre elles, forment les glucides ou polysaccharides ou amidons. Pour bien digérer ces glucides, surtout lorsqu'ils sont d'origine industrielle, nous sommes obligés d'utiliser beaucoup de vitamines et de minéraux. On parvient ainsi à les séparer en petites briques de glucose qui sont ensuite utilisées par nos cellules.

Les petites briques des graisses s'appellent acides gras. Une graisse, ou lipide, est un ensemble d'acides gras accolés ; selon la façon dont ils sont collés entre eux, on parlera de graisses saturées ou polyinsaturées. Les acides gras saturés se métabolisent mal ; ils se stockent dans le tissu cellulitique. Leur caractère rigide les rend, par contre, résistants à la chaleur et à la cuisson, ce qui explique qu'on les utilise beaucoup dans les huiles de cuisson. En revanche, les graisses polyinsaturées, dont font partie les oméga 3, sont flexibles, souples et donc fragiles et sensibles à la cuisson. Mais elles fluidifient les membranes de nos cellules et se métabolisent très facilement, et donc ne se stockent pas dans notre graisse cellulitique.

On entrevoit déjà le régime qui va influencer de façon déterminante le stockage de notre graisse dans la partie basse du corps : il faudra éviter les produits chimiques que le système digestif digère de façon incomplète, éviter les graisses cuites et les acides gras saturés, éviter ou réduire le plus possible les sucres industriels et, enfin, augmenter la part des vitamines et des minéraux consommés quotidiennement.

Il va falloir, pour chaque femme, car ce qui est vrai pour l'une ne le sera pas forcément pour l'autre, – chacune ayant des capacités digestives, des goûts et un terrain génétique différents –, déterminer l'alimentation la plus proche de ses besoins physiologiques naturels, la moins transformée, tout en essayant de bénéficier des progrès incontestables de l'agroalimentaire et, surtout, d'augmenter la part de vitamines et de minéraux.

L'alimentation moderne idéale reste à découvrir. L'industrie agroalimentaire nous a apporté des progrès incontournables en nous fournissant des aliments indemnes de bactéries, d'une étonnante variété, quelle que soit la saison, et conditionnés de façon à nous faire perdre le minimum de temps. Cela permet de s'adapter à la vie moderne où le temps passé autrefois à faire le marché et à éplucher a été transféré sur les temps de transport, de travail et d'organisation de la complexité moderne.

Ces progrès consistent en un choix très élargi, mais, comme dans tous progrès, il y a des effets pervers ; en cas d'excès d'aliments transformés, on peut sombrer dans une alimentation trop riche, trop grasse, trop sucrée, trop salée, et surtout trop chimique, qui se traduit soit par de véritables allergies, soit par des dégradations incomplètes de ces molécules qui se transformeront en éléments « éponges » à l'origine d'une rétention d'eau.

Maintenant que l'on sait que l'on peut grossir du bas par la génétique, par la rétention d'eau ou par la rétention de graisses, il faut à présent comprendre comment ces éléments peuvent se combiner de différentes façons et donner différents types de cellulite.

Il n'y a pas « une », mais « des » cellulites

La cellulite est une graisse « compactée » qui siège juste sous la peau, et qui s'accompagne souvent de rétention d'eau et de fibrose. Elle peut être adipeuse, infiltrée ou fibreuse.

Trois types de cellulites

Lorsque la composante graisseuse est majoritaire, on parle de cellulite **adipeuse** ou de lipodystrophie. Lorsque la composante rétention d'eau est majoritaire, on parle de cellulite **infiltrée** ou d'hydrolipodystrophie. Lorsque la composante fibreuse est majoritaire, on parle de cellulite **fibreuse** ou fibrolipodystrophie.

Que votre cellulite soit adipeuse ou infiltrée avec rétention d'eau, dans ces deux cas elle reste souple à la palpation. Si, lorsque vous la palpez, vous sentez qu'elle est de consistance indurée (c'est-à-dire plus dure lorsque vous palpez), vous avez alors une cellulite fibreuse. Il peut également arriver qu'il y ait des cellulites mixtes, à la fois adipeuses et infiltrées.

Les traitements proposés seront également différents suivant le type de cellulite. Les cellulites adipeuses seront sensibles à l'application de crèmes contenant de la caféine qui est une substance connue pour accélérer la fonte des graisses, ou bien l'injection de médicaments lipolytiques qui font également fondre les graisses, ou encore à la liposuccion qui est, dans ce cas de figure, la technique la plus efficace.

Dans le cas de cellulite infiltrée avec rétention d'eau, les méthodes de drainage, comme le drainage lymphatique, l'aquadrainage lymphatique, la pressothérapie ou le Cellu M6 ont toute leur place.

Lorsqu'il s'agit d'une cellulite fibreuse, indurée, seul le Cellu M6 a démontré son efficacité.

Un cas particulier : les cellulites héréditaires

Certaines cellulites échappent à toute correction et ne pourront être maîtrisées que par des efforts constants. C'est le cas des cellulites héréditaires : les femmes dont la mère ou la grand-mère ont eu les jambes « déformées » par la cellulite seront obligées de faire davantage d'exercices physiques ou d'éviter tout écart alimentaire. C'est l'injustice des variations interindividuelles que l'on retrouve dans tous les systèmes biologiques.

Quant aux problèmes circulatoires et aux déséquilibres hormonaux, là encore il y a différents cas de figure, qui rendent certaines femmes sensibles à un rééquilibrage, mais d'autres résistantes.

Définir son équilibre personnel

Enfin, les mesures alimentaires peuvent paraître simples, mais elles se heurtent à la culture, à l'éducation du goût, aux habitudes, au stress quotidien qui tendent, en cas de relâchement de la vigilance, à faire retomber dans les mêmes erreurs. L'idéal serait de prendre tout son plaisir à travers une alimentation saine et équilibrée. On peut mourir de plaisir en mangeant un quartier d'orange, mais aussi un carré de chocolat qui contient certes un petit peu de magnésium, mais malheureusement surtout beaucoup de mauvaises graisses et de mauvais sucres.

Là encore, tout est une question d'équilibre et de tolérance de chacun. Certaines pourront supporter de manger plusieurs carrés de chocolat chaque jour et de le compenser par ailleurs avec une alimentation équilibrée. Mais d'autres seront pénalisées dès le premier carré, dont les graisses saturées et les sucres industriels iront directement se stocker là où elles ne le désirent pas.

Définir un programme pour maigrir du bas, cela veut dire mettre en place une balance que l'on cherchera à équilibrer de façon différente pour chaque personne.

Test 4

Quel type de cellulite avez-vous ?

Répondez par OUI ou par NON aux 5 questions suivantes :

1 – Votre cellulite n'est pas localisée que sur la partie haute des jambes (hanches, culotte de cheval), mais vous en avez également à la face interne des genoux et des chevilles :

OUI NON

2 – Vous avez souvent mal aux jambes :

OUI NON

3 – Vos jambes gonflent au moment des règles :

OUI NON

4 – Vous vous faites souvent des bleus sur les jambes, même pour un choc minime :

OUI NON

5 – Vous avez de petites varicosités rouges ou violacées visibles sur les jambes :

OUI NON

Commentaires

Si vous avez répondu OUI à 2 questions ou plus, votre cellulite est infiltrée, c'est-à-dire qu'elle s'accompagne d'une rétention d'eau en rapport avec l'un des mécanismes que nous avons vus plus haut : mauvaise circulation veineuse ou lymphatique, déséquilibre hormonal, intolérance aux aliments « éponges ».

Chapitre 3

Renforcer les muscles posturaux

Grossir du bas est visiblement une forme de déséquilibre. Sur la balance, il s'agit de trouver un équilibre entre, d'un côté, les éléments qui font grossir du bas (génétique, rétention, dérèglements hormonaux...) et, de l'autre, les éléments de compensation (Fast Gym pour entraîner les muscles posturaux profonds, plantes drainantes...). En dernier ressort, on pourra avoir recours aux médicaments qui font perdre de l'eau ou du gras.

La balance peut se présenter de la façon suivante :

Éléments négatifs	Éléments positifs
• Génétique	• Fast Gym
• Sédentarité	• Plantes drainantes
• Graisses cuites	• Aquadrainage
• Sucres industriels	• Drainage lymphatique
• Aliments éponges	• Cellu M6
• Stress	• Contention
• Manque de temps	• Médicaments

8 minutes par jour

C'est le temps nécessaire pour effectuer les mouvements de gymnastique posturale appelée Fast Gym.

Mais il ne vous en faudra pas beaucoup plus pour éliminer de votre alimentation les graisses cuites ou les sucres industriels, établir un carnet alimentaire de tout ce que vous mangez dans une journée – et cela pendant 6 semaines –, afin de parvenir à identifier les aliments « éponges », ceux qui ne vous conviennent pas et qui peuvent être totalement variables d'une personne à l'autre.

Il vous faudra quelques secondes de plus pour avaler 2 ou 3 gélules de plantes drainantes et de vitamines favorisant les réactions métaboliques, telles la vitamine E la vitamine C, le sélénium et le zinc

En revanche, il vous faudra peut-être modifier votre emploi du temps pour augmenter votre temps de marche quotidienne, renoncer aux ascenseurs, aller faire 1 h ou 2 par semaine de gym en salle, faire votre marché de produits frais deux fois par semaine et consacrer du temps à faire vos soupes, à éplucher vos carottes et à presser quelques oranges, pamplemousses ou citrons.

Nous avons vu que 80 % des veines de nos jambes se trouvent à l'intérieur des masses musculaires. Le lien étroit entre les muscles et la circulation veineuse des membres inférieurs a été démontré par différentes études.

Nous savons aujourd'hui qu'il existe un lien entre le tonus musculaire du mollet et le diamètre des veines situées à l'intérieur de ces muscles. Mais nous avons appris plus récemment que tous les muscles n'étaient pas égaux face au retour veineux. Les groupes musculaires les plus efficaces pour assurer une bonne circulation veineuse sont les muscles posturaux, c'est-à-dire les muscles profonds des jambes, des cuisses et du bassin.

Les muscles posturaux

L'une des caractéristiques du corps humain est de pouvoir tenir debout. Prenez un manche à balai et essayez de le faire tenir verticalement en le posant par terre. Il ne tiendra pas tout seul ; il faudra le tenir et, vous l'aurez certainement remarqué, il est plus facile de le tenir debout par le haut que par le bas. Eh bien, le corps humain tient debout, mais en étant maintenu par le bas. Aussi petite soit-elle, la surface de contact au sol que représente le pied est suffisante pour permettre la stabilité.

Cette extraordinaire performance est possible grâce aux muscles posturaux. Ce sont eux qui, proches des os, maintiennent le squelette debout comme le mât d'un navire est maintenu par les câbles en métal que l'on appelle les haubans.

En partant du bas vers le haut, les muscles posturaux sont les **soléaires** que l'on trouve dans les mollets, les **pectinés** et les **adducteurs** que l'on trouve dans les cuisses, et les **psoas** et les **pyramidaux** au niveau du bassin. D'autres muscles posturaux très importants courent le long de la colonne vertébrale jusqu'au crâne.

Tous ces muscles posturaux sont responsables de nos attitudes, de notre allure, de notre démarche générale. Ils sont très différents des muscles superficiels que l'on connaît pourtant beaucoup mieux car, placés directement sous la peau, ils donnent leur galbe aux mollets, aux cuisses et aux fesses.

Les muscles posturaux sont comme les haubans qui maintiennent la structure solidement debout, et ils sont quatre fois plus efficaces sur le retour veineux que les muscles superficiels.

Le cas des sportifs

• Un exercice musculaire intense entraîne une élévation du débit sanguin artériel, nécessaire pour nourrir le muscle dont le métabolisme est augmenté. Parallèlement, le diamètre des troncs veineux collecteurs s'accroît pour assurer le drainage de cet afflux sanguin. C'est surtout le diamètre des veines jumelles qui augmentera de 25 à 40 % alors que le diamètre des veines des muscles posturaux, comme les soléaires, augmente peu.

• Par contre, si un sujet qui a fait de la compétition à l'âge de 20 ans arrête le sport intensif à la quarantaine, on observe une chute du tonus musculaire. La dilatation des veines acquise dans la jeunesse peut secondairement devenir pathologique et favoriser le développement d'une maladie veineuse.

• Plus récemment, les études menées par le CNES chez les cosmonautes effectuant des séjours prolongés de plusieurs mois en station spatiale et chez les sujets volontaires sains se prêtant aux études « bed-rest », alités pendant 3 mois, ont confirmé ces données.

• En effet, l'apesanteur (ou micro-gravité) est responsable de la fonte musculaire des muscles posturaux, et d'une dilatation des veines intra-musculaires avec augmentation de leur distensibilité.

• Ces expériences ont mis en évidence, au niveau des veines, le rôle fondamental de la gravité sur la tonicité de la paroi veineuse, par l'intermédiaire du tonus musculaire. Si la gravité disparaît, la paroi de la veine perd son tonus en quelques semaines et se dilate d'autant plus que l'atrophie musculaire est importante.

• L'espace et les études « bed-rest » nous fournissent donc un extraordinaire observatoire qui permet de créer des conditions proches de celles observées chez les patients porteurs de maladie veineuse en quelques semaines, alors que ces conditions se développent sur plusieurs dizaines d'années chez des patients insuffisants veineux.

L'utilité de la Fast Gym

Une femme sportive pratiquant 2 à 3 heures de gymnastique en salle par semaine entraîne les deux groupes musculaires, superficiels et profonds. La Fast Gym, qui ne concerne que les trois principaux groupes de muscles posturaux des jambes, prend 8 minutes par jour, d'où son nom. Elle est réservée à celles qui n'ont pas le temps ou le goût pour l'activité sportive.

Les origines de la Fast Gym

Elle a été mise au point à la suite de travaux effectués en milieu hospitalier au cours d'études dites « bed-rest » : des groupes de patients sont restés alités, en observation, pendant plus de 3 mois, ce qui a entraîné une fonte de plus de 20 % de leurs muscles des jambes et du bassin.

On s'est rendu compte par des mesures du diamètre des veines que, parallèlement à la fonte musculaire, les veines profondes avaient tendance à se dilater davantage, n'étant plus soutenues par les muscles qui les entourent.

Il a paru alors évident que, pour rétablir la situation, un entraînement s'imposait, particulièrement des muscles profonds posturaux ; mais pas n'importe comment.

Les principes de la Fast Gym

Certains mouvements sont plus efficaces que d'autres pour la circulation veineuse. Il s'agit des exercices musculaires effectués en résistance, impliquant les muscles posturaux agonistes et antagonistes, de façon ample et cadencée.

Pour les veines, 8 minutes quotidiennes de gymnastique en résistance impliquant les muscles posturaux sont le minimum nécessaire pour assurer un bon retour veineux.

Par ailleurs, on préférera les mouvements faisant intervenir les muscles **agonistes** et **antagonistes** dans le même exercice. La bicyclette, par exemple, qui a la réputation d'être excellente pour la circulation veineuse, ne fait pourtant travailler que les muscles agonistes puisque le pied pousse sur la pédale, sans résistance de la pédale qui remonte. Pour optimiser cet exercice, il est possible d'utiliser une bicyclette aquatique qui, grâce à la résistance de l'eau, permet d'agir simultanément sur les deux groupes musculaires agonistes et antagonistes des jambes.

Enfin, les mouvements amples et complets sont préférables aux mouvements rapides mais d'amplitude partielle, comme ceux qu'on effectue parfois sur une musique en salle de gymnastique. En effet, les muscles sont entourés d'une enveloppe que l'on appelle **fascia** ou **aponévrose**, qui perd sa souplesse au fil des ans. À travers cette enveloppe passent de nombreuses veines qui drainent le tissu graisseux superficiel et la peau. Si ces fameux fascias sont rétractés ou fibrosés, le drainage du sang veineux depuis la cellulite vers les veines profondes se fait moins bien. C'est pourquoi il est important de leur garder leur grande souplesse par des mouvements d'étirement et d'assouplissement, en particulier de toute la chaîne musculaire postérieure de la jambe et de la cuisse. Ce sont ceux qui sont proposés dans les séances de stretching ou de yoga, deux pratiques excellentes pour maintenir un bon retour veineux.

En complément...

Le programme proposé par la Fast Gym permet, en 8 minutes par jour, de maintenir le tonus musculaire des muscles profonds posturaux et la souplesse des fascias qui les entourent.

Bien évidemment, en matière d'activité physique, si l'on veut améliorer les performances du cœur et surtout du couple cœur-poumons ainsi que la résistance physique, des exercices de fond en endurance d'une durée minimum de 40 minutes sont nécessaires. De même si l'on veut développer un volume musculaire et améliorer le galbe des jambes, des exercices répétitifs en résistance effectués en série, d'une durée globale de 40 minutes, sont également nécessaires.

Mais si l'objectif est de contribuer simplement à améliorer la circulation veineuse en conservant des jambes toniques, et que l'on n'a pas le temps ou l'envie d'effectuer 2 ou 3 séances hebdomadaires de gymnastique en salle, la Fast Gym donne une réponse. Elle ne transformera aucune femme en athlète de haut niveau, mais elle permettra de conserver le strict minimum nécessaire à un bon équilibre.

Chapitre 4

Les mouvements de la Fast Gym

L'application de tous les principes développés dans cet ouvrage nous a conduit à définir une gymnastique vasculaire active qui permet en peu de temps d'avoir un effet maximum sur la circulation veineuse, c'est-à-dire sur les jambes lourdes, les phénomènes de rétention d'eau, les varicosités et la cellulite, phénomènes liés au mauvais retour veineux.

• **La stimulation du couple musculaire psoas-pyramidaux** (cf. p. 66-67) est obtenue par un exercice en position debout consistant à lever le genou le plus haut possible contre résistance, c'est-à-dire en utilisant un élastique ou en se fixant un poids à la cheville.

• **Au niveau de la cuisse, la stimulation du couple pectiné-adducteurs** (cf. p. 68-69) est obtenue en position assise ou allongée par des mouvements de rapprochement contre résistance des deux genoux.

• **La stimulation du muscle soléaire du mollet** (cf. p. 70-71) est obtenue en faisant des mouvements de flexion-extension sur la pointe des pieds sur un support permettant une surélévation de l'avant-pied par rapport au talon.

• Suivent **des mouvements d'étirement** (cf. p. 72-73) de ces trois groupes musculaires.

Cette suite de quatre exercices doit être entreprise sur un rythme relativement soutenu (chaque mouvement durant environ 1,5 seconde). Mais auparavant, un échauffement peut être nécessaire, consistant en une vingtaine de flexions-extensions accroupi-debout.

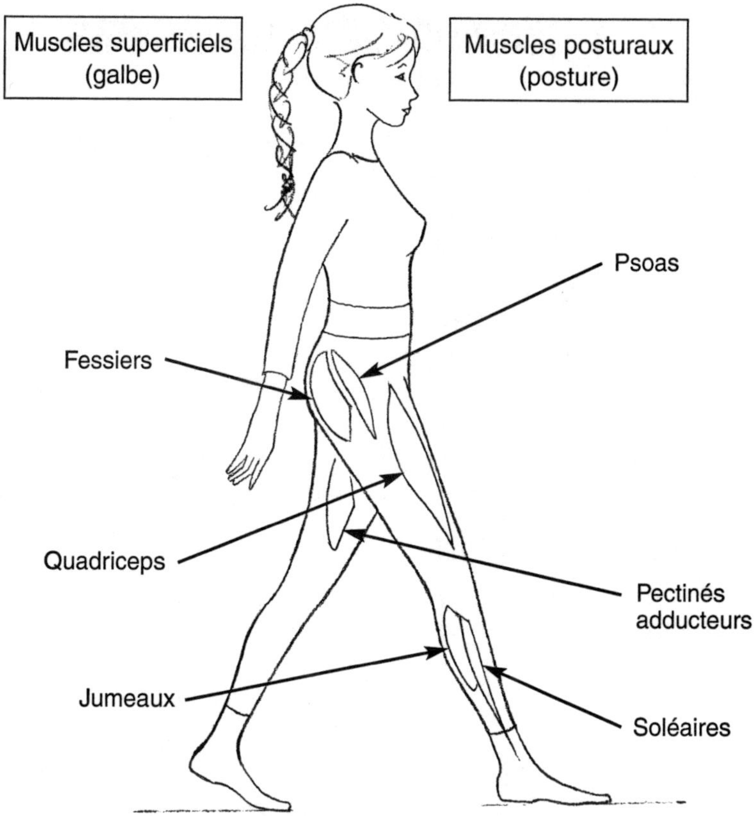
Muscles superficiels
(galbe)
Muscles posturaux
(posture)
Psoas
Fessiers
Quadriceps
Pectinés
adducteurs
Jumeaux
Soléaires

Développement des muscles psoas

00:00 à 00:02

120 secondes

- **Debout**
- **Mains** sur les hanches
- **Buste** bien droit

- **Élever le genou** le plus haut possible en direction du thorax en fléchissant la cuisse

  - 20 séries sur la jambe droite
  - 20 séries sur la jambe gauche

  Répéter une fois

- **Rythme :** 80 mouvements rapides (1,5 s par mouvement).

Pour que ces mouvements soient « en résistance », fixez des poids-bracelets velcro sur les chevilles (en vente dans les magasins de sport)

Développement des muscles pectinés et adducteurs

00:02 à 00:04

120 secondes

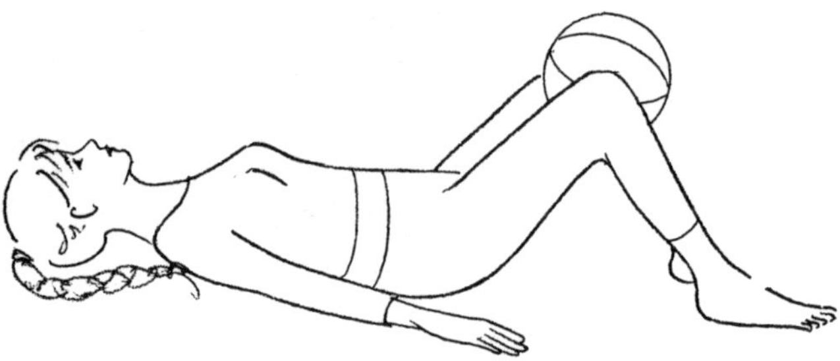

- **Allongée** sur le sol
- Un **ballon** d'enfant de grand diamètre placé **entre les genoux**

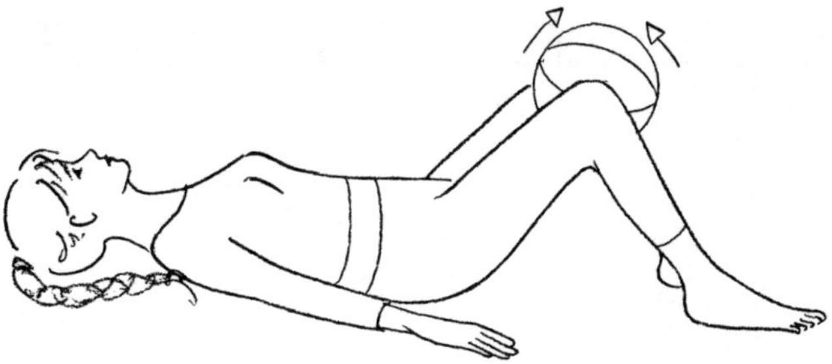

- **Rapprocher les genoux** en **compressant** le ballon qui résiste, tout en maintenant le bassin au sol

- 3 séries de 20 mouvements

- **Rythme :** chaque mouvement doit durer 2 s

Si vous n'avez pas de ballon, dans la position assise, placez vos mains sur la face interne des genoux que vous serrez en tentant de les repousser vers l'extérieur. Pour les mieux équipées, il est possible de remplacer le ballon par une presse (en vente dans les magasins de sport).

Développement des muscles soléaires

00:04 à 00:06

120 secondes

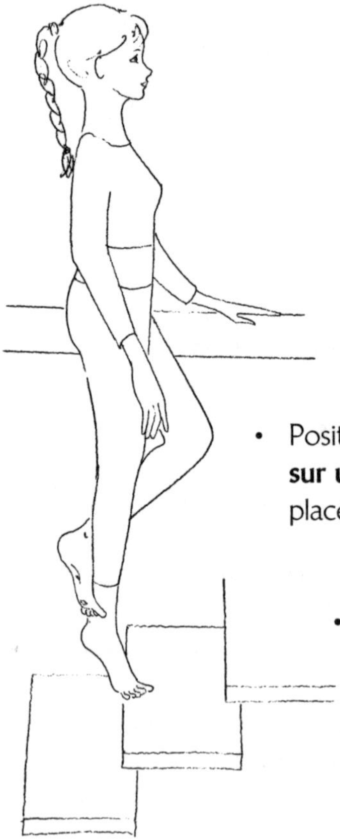

- Position **debout, en appui sur une jambe,** bout du pied placé au bord d'une marche

- L'autre pied peut être positionné **derrière la cheville** de la jambe en action

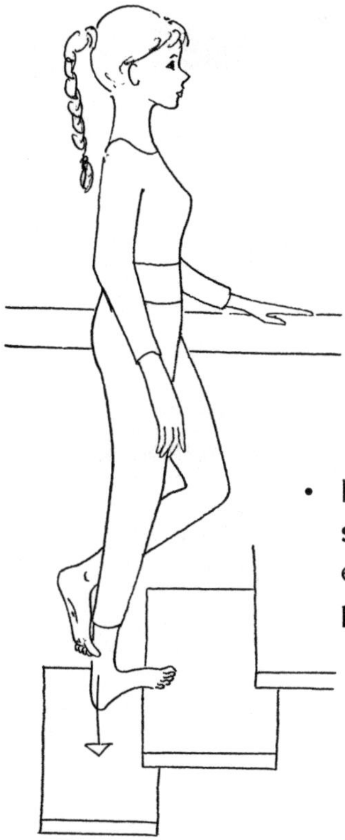

- Faire des **flexions-extensions** sur la pointe du pied en descendant le **talon plus bas** que l'avant-pied

    - 20 séries sur le mollet droit
    - 20 séries sur le mollet gauche

  Répéter une fois

Là encore, il s'agit de 80 mouvements de 1,5 s chacun.

Étirements

00:06 à 00:08

120 secondes

Étirement 1 : les psoas

- Au départ, **station debout**
- **Étirer la jambe** en arrière, les mains enserrant la cheville

Chacun de ces mouvements doit être pratiqué pendant 40 s. Ces mouvements d'étirement sont très importants pour la souplesse des enveloppes des fascias. Ils conditionnent le bon fonctionnement des veines qui drainent la cellulite.

Le dernier est particulièrement important. Il consiste à remonter la pointe du pied vers soi dans ce qu'on appelle une flexion

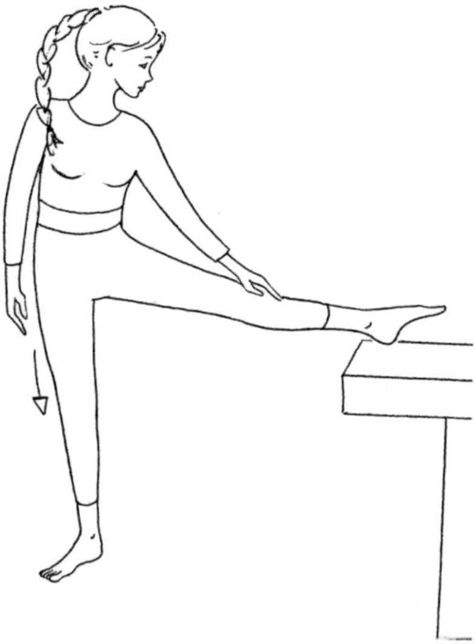

Étirement 2 :
les adducteurs

- **Debout,** jambe en élévation latérale sur un meuble (ou une barre fixe)
- **Fléchir l'autre jambe,** sur laquelle repose le poids du corps, pour étirer les muscles de l'intérieur de la cuisse

Étirement 3 : les soléaires

- **Assise** au sol, buste droit
- **Ramener le bout des pieds** en flexion dorsale le plus loin possible vers soi

dorsale du pied. L'amplitude de cette flexion dorsale diminue au fil des ans chez les sujets ayant un mode de vie moderne. Elle est de 40 ° chez le sujet jeune. Mais, à partir de la quarantaine, elle va progressivement diminuer à 30 °, 20 °, 10 °, pour arriver chez certaines personnes âgées à un état de cheville quasiment bloquée.

Chapitre 5

Une alimentation antirétention d'eau

De nombreux paramètres entrent en jeu dans notre alimentation et ces paramètres ne sont pas les mêmes pour chaque individu. Il y a quarante ans, on est parvenu à montrer que le cholestérol était « le » grand ennemi : on a donc fait la chasse au cholestérol, puis on s'est rendu compte que ce n'était pas le seul ennemi.

Les médecins ont noté que beaucoup d'infarctus intervenaient chez des sujets ayant un taux de cholestérol normal. Par ailleurs, ils voient tous les jours des patients qui arrivent à un âge très avancé avec un taux de cholestérol élevé pendant des années. Malgré tout, d'un point de vue statistique, il y aura davantage d'infarctus dans un groupe de personnes présentant du cholestérol.

Haro sur les glucides

Plus tard, on a découvert que les glucides n'étaient pas du tout recommandés en cas de diabète. On a donc interdit toutes formes de glucides, y compris les sucres lents, les céréales, le riz, le pain… Puis, on s'est rendu compte que l'alimentation était alors déséquilibrée et entraînait un report sur un excès de gras ou de protéines. On est donc revenu en arrière et, aujourd'hui, on conseille au contraire de manger du riz, du pain, des fruits, même si l'on est diabétique.

Le retour au bon sens

Passons rapidement sur les risques modernes liés à certaines pollutions alimentaires. Aujourd'hui, on dit qu'il faut manger de tout un peu, et un régime est considéré comme équilibré lorsqu'il contient une majorité de glucides, un peu de bonnes graisses et des protéines dont on estime la quantité nécessaire entre 0,7 et 1 g par kg de poids par jour. À l'aune de ces normes, une femme de 50 kg doit manger 40 à 50 g de protéines par jour. Mais pas plus, car les protéines, en étant digérées, peuvent générer des produits azotés comme l'acide urique, qui ne sont pas bons pour la santé.

De grandes lignes...

En termes d'alimentation, les grandes lignes à retenir sont un mélange de bon sens et d'adaptation à ses propres besoins, en tenant compte de ses goûts et de son temps disponible, et en ayant conscience que le comportement alimentaire est fragile et très dépendant de son bien-être et de sa détente psychologique.

Privilégier les aliments crus

Tout d'abord manger le plus possible d'aliments crus non transformés. Les fruits, les légumes, les crudités peuvent être consommés en grande quantité, et, pour les plus accros, les céréales germées comme le blé germé, le soja germé ou le sésame sont de véritables bienfaits de la nature, bourrés de vitamines, de sélénium, de zinc, de magnésium, de chrome, dans des quantités idéales pour nos besoins, à croire que notre évolution a été faite sur ce type d'alimentation.

Pourtant, il faut tenir compte de la flore digestive de chacun. Si l'on n'a pas été habitué à manger ce type d'aliment – même les fruits –, on peut avoir des difficultés à les digérer. Pour ceux qui ne sont pas naturellement frugivores, il est nécessaire d'introduire les fruits par petites quantités, de préférence en dehors des repas, et surtout de ne pas s'acharner car il y a d'autres solutions et se forcer ne mène à rien.

Les fruits peuvent être mangés cuits, en compote ; les céréales germées peuvent être incorporées en petite quantité dans les salades ou les plats que nous mangeons par ailleurs. Mais les compotes, il faut les faire soi-même, comme ses soupes et ses salades, et réserver les plats préparés à l'avance aux urgences, aux situations d'exception, aux dépannages. Et c'est ça le plus difficile.

Bien régler ses repas

Autre élément de bon sens, bien manger le matin au petit déjeuner, si possible assez bien à midi, et légèrement le soir et surtout pas trop tard. Un repas tardif du soir qui mélange des graisses, des protéines, des sucres, c'est l'assurance d'un stockage maximum là où il ne le faut pas.

Et c'est une autre difficulté de la vie moderne : dans la journée, les situations de stress nous permettent de tenir longtemps sans même penser à manger. Le soir, en revanche, un sentiment de détente nous envahit et les repas en famille ou entre amis favorisent la prise d'un repas plus complet, mais à un mauvais moment, celui qui précède le sommeil.

Les pièges à éviter

Dernier élément de bon sens, parvenir à résister aux tentations de l'agroalimentaire moderne et aux comportements qu'ils induisent.

Exemple, le « snacking », ce petit encas à base de produits préparés à l'avance ou vite prêt, qui permet de calmer une petite faim sur le pouce. Autre exemple, le

« craving », une pulsion alimentaire consécutive à une contrariété ou un stress, la petite compensation que l'on pense avoir méritée quand on vient de subir une contrariété ou une angoisse.

C'est un gros travail, une recherche à faire sur soi que de trouver un moyen autre que la nourriture de réagir face à ses angoisses et à ses contrariétés.

Le problème, à cet égard, est que nous sommes tous influençables mais inégaux : la plupart d'entre nous supportent assez bien l'alimentation moderne et influencent inconsciemment ceux qui ne la supportent pas. Ainsi, si nous prenons la décision, un jour, de supprimer totalement les aliments industriels, nous allons nous trouver, à un moment donné ou à un autre, cernés par des gens qui semblent les consommer sans modération et sans problème Notre vigilance va alors se relâcher.

. . . mais pas de règles universelles

Il n'y a pas de grands principes universels en matière de régime idéal. Pour l'une, manger une soupe le soir est un véritable bienfait, pour l'autre ce sera une source de ballonnements, le plus souvent une intolérance non pas aux légumes de la soupe, mais aux épaississants, stabilisants, émulsifiants, conservateurs qui l'accompagnent. Pour certaines, un verre de lait sera un véritable aliment apaisant, pour d'autres, l'objet d'une intolérance alimentaire parce que l'activité de ses enzymes digestives qui digèrent le lait et que l'on appelle les lactases est très réduite.

L'expression de ces intolérances est variable : pour certaines, ce sera une prise de poids ou une modification de la silhouette avec rétention d'eau dans le bas du corps, mais pour d'autres, le phénomène de rétention d'eau se manifestera différemment. Ainsi, certaines personnes éprouvent le besoin de renifler ou de se moucher après avoir mangé certains aliments ; cet encombrement des sinus peut être lié à l'intolérance à un type de protéines, du blé ou du lait, ou bien à un produit industriel Mais l'encombrement nasal peut aussi ne pas être perçu comme un inconvénient et la personne habituée à ces petits effets qui accompagnent ses repas les ignorer totalement.

Des noix plutôt que du fromage cuit

Un exemple assez significatif de cette variabilité d'expression des intolérances alimentaires est la survenue d'aphtes lorsqu'on consomme des noix ou des amandes. L'aphte est en soi une forme très localisée de rétention d'eau puisqu'il s'agit d'une petite vésicule qui se forme sous la muqueuse de la langue ou de la gencive.

Ce phénomène peut être lié à une intolérance aux produits utilisés pour la conservation des noix (trempage dans des solutions acides pour les blanchir ou dans des solutions chimiques pour les conserver). On peut s'en rendre compte, si l'on a l'occasion de manger des noix cueillies directement sur l'arbre et qu'elles ne génèrent pas d'aphtes. Mais certains individus sont intolérants aux composants internes des noix et feront des aphtes quelles que soient les noix.

Une idée fausse très répandue

Cet exemple des noix se retrouve dans une centaine d'aliments de consommation courante. La noix fraîche est pourtant une des meilleures sources de protéines, d'acides gras polyinsaturés, de vitamines et de minéraux. C'est une excellente graisse, très supérieure à celle que l'on trouve dans un morceau de gruyère ou de n'importe quel autre fromage cuit. Pourtant, la noix est réputée faire grossir, alors que le fromage cuit bénéficie d'une auréole positive d'apport de calcium et de protéines.

Un exemple où le bon sens a été progressivement détourné. Le morceau de fromage cuit contient de mauvaises graisses, saturées, cuites, hyper salées. C'est un produit qui pouvait avoir sa raison d'être il y a quelques siècles car il permettait de disposer d'un produit laitier en hiver, mais aujourd'hui nous avons des produits frais toute l'année et les fromages cuits n'ont plus aucun intérêt diététique. Il faudrait les consommer pour le seul plaisir, uniquement pour leur intérêt gustatif, comme on mange un carré de chocolat. Malheureusement, nous avons développé au fil des dernières générations une forte appétence pour les aliments gras, sucrés ou salés. Le fromage cuit fait partie des aliments gras et salés, et donc nous paraît très goûtu aujourd'hui.

Une erreur de calcul très fréquente

Une erreur extrêmement fréquente que l'on retrouve chez une personne en surpoids pourtant convaincue de manger très sainement est de manger, le soir, un peu de fromage blanc à 0 % M.G. et une salade avec un morceau de gruyère.

On comprend mal ce calcul : pourquoi du fromage blanc à 0 % M.G.? Autant manger du fromage blanc à 40 % M.G., le plus gras possible. Car il ne faut pas oublier que 40 % est la masse grasse à partir du poids sec. Or le fromage blanc contient plus de 80 % d'eau et, de plus, la graisse du fromage blanc est bien meilleure que celle du fromage cuit. Elle présente simplement l'inconvénient, comme pour le fromage cuit, d'être une graisse saturée, mais elle n'est pas cuite, elle contient encore toutes les vitamines liposolubles telles la vitamine E, la vitamine K et la vitamine D. Et surtout, dans le fromage blanc, il y a encore du petit-lait dont les protéines sont celles qui ont la meilleure valeur biologique, bien supérieure à celle de la caséine (qui se trouve dans la partie caillée).

Calculons : un fromage blanc de 500 g contient 80 % d'eau ; cela veut dire qu'il y a seulement 100 g de matière sèche contenant 40 % de M. G., c'est-à-dire 40 g. Donc, si l'on mange un peu moins de la moitié du pot de 500 g, une portion de 200 g par exemple, on aura mangé au total 16 g de graisse crue riche en vitamines.

Dans le cas du gruyère ou du comté, ces 16 g de graisse correspondent à une petite lichette de fromage qui, loin de nous satisfaire, aura tout de même apporté 16 g de mauvaise graisse cuite totalement dépourvue de vitamines mais, par contre, effectivement riche en calcium. Mais ce calcium, mieux vaut aller le chercher dans les légumineuses ou dans les eaux de boissons minéralisées. Pour vous faire une idée, sachez que, si un yaourt contient 160 mg de calcium, on a 200 mg de calcium dans une portion de lentilles. De même, si un verre d'eau d'Évian ou de Volvic contient 8 mg de calcium, un verre d'eau de Vittel, Hépar ou Contrex en contient 50 mg. Manger du gruyère ou du fromage cuit uniquement pour l'argument calcium n'a pas de sens. L'argument principal est surtout gustatif et, dans ce cas, on peut s'en autoriser un peu, sans excès.

Là encore, comme pour tout, il y a beaucoup de variations individuelles. Beaucoup de personnes mangeront du fromage en quantités importantes sans aucun inconvénient, tandis que d'autres seront loin de soupçonner que ce type de nourriture ne leur est pas favorable.

Les aliments « éponges »

Nous l'avons vu, lorsque certaines substances comme du sel, du sucre ou de grosses protéines (des peptides) sont incomplètement digérées dans le tube digestif, elles se retrouvent dans les tissus interstitiels, où elles exercent un effet « éponge » et retiennent l'eau.

Tous les produits excessivement salés peuvent se comporter comme des aliments éponges : pains, pizzas, poissons fumés, fromages cuits, toutes les sauces, conserves, plats préparés à l'avance, condiments, biscuits, cacahuètes, boissons gazeuses, charcuteries, hamburgers...

Qui ne digère pas quoi ?

Le problème, là encore, est que quelques-uns d'entre nous seulement n'arrivent pas à digérer correctement toutes les protéines naturelles, alors que les autres s'en tirent fort bien !

Certaines protéines naturelles peuvent être impliquées : le lait, par exemple, utilisé sous forme de yaourts ou de fromage blanc, contient des protéines dans la partie caillée que l'on appelle les caséines, et d'autres protéines dans le petit-lait. Les meilleures protéines sont celles du petit-lait, qui ont une haute valeur biologique. Malheureusement, notre goût moderne ne raffole plus des produits un peu amers. Nous préférons cent fois la partie caillée plus douce mais plus grasse, dont les protéines, en particulier les caséines, sont de moins bonne valeur biologique et mal digérées par certains d'entre nous. Une intolérance à ces protéines peut être à l'origine d'un phénomène de rétention d'eau.

Même chose pour les protéines du blé. Les blés modernes sélectionnés aujourd'hui sont excellents d'un point de vue agroalimentaire : ils permettent d'ensemencer de façon homogène de très grandes surfaces ; ils sont très productifs et très résistants à certaines maladies. Mais les glutens, protéines de ces blés modernes, sont mal digérés par certains d'entre nous et peuvent être à l'origine d'allergie ou d'intolérance alimentaire avec phénomène de rétention d'eau, du fait de leur dégradation incomplète dans notre tube digestif. C'est pourquoi le blé peut se révéler être un aliment « éponge » pour certaines femmes mais pas pour d'autres.

Chacun d'entre nous, donc, se trouve en position inégale devant les aliments. C'est la raison pour laquelle, dans la première partie du régime antirétention d'eau, vous chercherez à reconnaître les aliments (et substances chimiques !) pouvant exercer un effet « éponge » chez vous. Les produits à base de blé entre autres, comme ceux à base de lait, seront supprimés pendant quelque temps pour vérifier si cette suppression est susceptible d'améliorer ou de faire disparaître les symptômes de rétention d'eau.

Identifiez vos aliments « éponges »

Il s'agit malheureusement bien d'un régime puisqu'il va falloir sélectionner certains aliments susceptibles de favoriser la rétention d'eau et privilégier les aliments contenant des éléments facilitant le drainage.

Parmi ceux-ci, la vitamine B6 (ou pyridoxine) qui contribue au transport des acides aminés depuis les intestins vers le sang et dont le déficit peut aboutir à un déficit protéique. Elle favorise également le transport du magnésium. Or, plusieurs centaines de réactions enzymatiques de notre corps dépendent du magnésium, qui est probablement l'un des éléments le plus souvent déficitaires dans la population, de même que le zinc et le sélénium.

Nous ne parlons pas ici de véritables carences. Les carences en vitamine B6 dans nos pays ne sont observées qu'en cas de consommation excessive d'alcool. Mais des subcarences responsables de petits troubles telle la rétention d'eau peuvent s'observer chez les femmes sous pilule, ou chez celles qui consomment très peu de fruits et légumes.

Le régime antirétention d'eau comprend une phase de 15 jours pendant laquelle il faudra retirer certains aliments puis les réintroduire un à un, en essayant de déterminer ceux qui sont capables d'aggraver les signes de rétention d'eau.

Le sucre industriel : supprimer

Arrêt total pendant 15 jours de toute pâtisserie, biscuits, céréales sucrées, confitures et tout aliment acheté en supermarché portant sur l'étiquette la mention saccharose, dextrose ou glucose. Pendant cette phase, il faut également éviter tout édulcorant et sucre de synthèse qui, en plus de contenir du sel, présente le même risque que le glucose d'exercer un effet rétention d'eau dans les tissus.

Le sel et les aliments salés : supprimer ou réduire

À supprimer ou à réduire au maximum, là où il est le plus concentré, c'est-à-dire dans les poissons fumés, les fromages, les sauces, les conserves, tous les plats préparés à l'avance, les condiments, les biscuits à apéritif, les cacahuètes et amandes salées et certaines boissons gazeuses. Il faut savoir qu'une baguette de pain, un sandwich ou deux parts de pizza contiennent 4 g de sel, c'est-à-dire la quantité quotidienne recommandée par l'OMS, alors que la quantité de sel moyenne que nous consommons aujourd'hui est de 10 à 12 g par jour, c'est-à-dire deux à trois fois trop. Il faudra se méfier de tous les additifs chimiques contenant du monoglutamate de sodium (E621). Il s'agit d'un exhausteur de goût très répandu, en particulier dans la nourriture asiatique. Il est autorisé dans pratiquement toutes les denrées alimentaires.

Faites attention : les médicaments contre les brûlures d'estomac contenant du bicarbonate de soude sont très riches en sodium : à limiter

Les graisses saturées : réduire ou supprimer si possible

À réduire et si possible à supprimer pendant la période de 15 jours. Cela inclut les fromages cuits, le beurre, toutes les margarines, toutes les crèmes et mayonnaises, les sauces, les charcuteries, les hamburgers, les viandes grasses, le chocolat et les desserts sucrés.

La farine de blé blanche : supprimer

C'est-à-dire tous les pains blancs, pains de mie, et l'immense cortège des produits à base de farine blanche : pizzas, quiches, biscuits, pâtisseries... En ce qui concerne le pain, il faut se limiter au pain de seigle ou aux galettes de riz complet soufflé. On peut se permettre des flocons d'avoine et le müesli biologique.

Le lait liquide : supprimer

Ainsi que les fromages cuits, avec réduction des yaourts et du fromage blanc (un yaourt par jour). L'idéal pendant cette phase est de ne manger aucun produit laitier, même pas un yaourt, et de préférer des yaourts de soja ou des yaourts de lait de brebis.

Certaines viandes : supprimer

Les viandes rouges, les volailles non fermières et les poissons d'élevage (saumons, truites, dorades, bars, turbot).

Le café et l'alcool : supprimer dans la mesure du possible

Le café est bien toléré par la plupart d'entre nous ; il a de plus des propriétés lipolytiques (il favorise l'élimination des graisses) et diurétiques. Malgré tout, dans le cadre d'une rétention d'eau hyperprotéique, tout produit à action diurétique favorise la déshydratation et incite le rein à fixer le sodium et donc l'eau. Le café aura donc un effet paradoxal pour certaines et pas pour d'autres. C'est pourquoi il doit être supprimé dans la phase des 15 jours, puis réintroduit progressivement, pour vérifier si l'on fait partie des personnes qui le tolèrent mal.

La suppression de tous ces éléments entraînera une très franche amélioration, avec une perte de poids de plusieurs kilos ; c'est lors de la réintroduction progressive des aliments un par un la semaine suivante que l'on guettera la réapparition de la prise de poids ou de signes de rétention d'eau. Cela permettra de déterminer l'aliment à supprimer pour une personne donnée.

Que manger pendant ces 15 jours ?

Vous l'avez compris, l'objectif de la première phase est d'éviter tous les aliments susceptibles d'être définis comme aliments « éponges » pour une personne donnée, même en petite quantité, mais de manger des aliments permis à sa faim, sans se préoccuper des quantités. Les aliments permis pendant cette première phase sont tous les fruits et légumes, en insistant particulièrement sur les agrumes, oranges, pamplemousses et citrons, tous les fruits rouges, le raisin noir mais aussi blanc, tous les légumes cuits à la vapeur, en particulier les carottes, les brocolis, les épinards, le céleri, le chou. le chou-fleur, avec possibilité de manger des soupes de légumes, mais uniquement celles que l'on aura préparées soi-même ; les légumes surgelés sont possibles.

Pendant cette phase, il faut manger dans la plus grande quantité possible toutes les légumineuses : lentilles, haricots blancs, petits pois de préférence frais en saison, fèves. Les poulets fermiers, le poisson sauvage, les épices, l'huile d'olive et de colza, le vinaigre de cidre, les herbes aromatiques, les tisanes éventuellement, si on aime les boissons chaudes le matin, un substitut de café à la chicorée, et de l'eau minérale à volonté.

Préparez vos repas à venir

Une des clés du succès pour rendre compatibles ces 15 jours de régime avec la vie quotidienne consiste à consacrer une demi-journée à préparer sa nourriture pour les 4 ou 5 jours qui viennent :

– faire un marché de produits frais ;

– cuire une très grande casserole de riz complet, à faire tremper depuis la veille au soir puis à cuire à feu doux pendant 35 min et à laisser gonfler dans la casserole (un volume de riz pour 4 volumes d'eau) ;

– préparer une deuxième grande casserole de légumes tels des carottes, poireaux, céleris, fenouils, oignons, épinards, choux, choux-fleurs, brocolis. Ils peuvent servir à préparer une soupe dont on pourra déguster un bol le soir en rentrant ou que l'on pourra emporter à son travail dans une bouteille Thermos ;

– préparer une légumineuse (lentilles ou haricots), la meilleure source de magnésium et de sélénium ;

– acheter un poulet entier fermier cuit à la broche, plusieurs yaourts de lait de brebis, de soja ou d'amande ;

– prévoir du pain de seigle et des galettes de riz complet, quelques fruits secs pour ceux qui les supportent bien, notamment les pruneaux et les abricots secs pasteurisés achetés en magasins diététiques, en recherchant des fruits secs sans sulfates, ce qui est relativement rare.

Si vous avez encore du courage, préparez un grand plat de compote de pommes que vous pourrez consommer sur plusieurs jours.

Enfin, pensez à des avocats de maturité diverse, car il faut toujours consommer un corps gras avec un glucide lent comme le pain de seigle ou les légumineuses. Ce corps gras peut être aussi de l'huile d'olive, de germe de blé, de colza ou de pépins de raisin.

Le meilleur des compléments : **le blé germé**

• Attention : nous ne parlons pas de germe de blé, mais bien de blé germé frais. C'est-à-dire que l'on a acheté un petit sac de graines de blé à germer dans un magasin de produits diététiques, qu'on les a répandues sur une couche dans une assiette avec un petit peu d'eau.

• Les petites pousses vertes sortent au bout de deux jours, et l'on peut alors commencer à les consommer soit avec une cuillère, soit saupoudrées dans les légumineuses.

Tous les fruits de mer sont autorisés, mais de préférence frais, achetés chez le poissonnier. Attention aux crevettes, tarama, crabes achetés en grande surface, et riches en benzoates (conservateurs souvent allergisants) et canthaxantine (colorant des œufs et de la chair de poissons).

Il n'y a aucun risque de carence en calcium pour avoir supprimé les produits laitiers pendant 15 jours car les légumes secs, les noix et les noisettes fraîches, les légumes verts, le poisson et les fruits de mer sont très riches en calcium. En revanche, il faut veiller à conserver ses 50 à 60 g de protéines par jour à travers les céréales telles que le riz complet ou les légumineuses, le poisson sauvage, les volailles fermières, les fruits de mer ou le soja.

Pour les accros du sucre qui en ont besoin, même de façon pulsionnelle, pour compenser une anxiété, l'idéal est de se reporter sur les fruits, pommes, agrumes, kiwis, ananas ou bananes et l'innombrable choix de fruits de saison disponibles en France en été. Mais il vaut mieux éviter le sucre roux, le sirop d'érable et le miel pendant cette période car ils ont une action sur la glycémie quasiment équivalente à celle du glucose, alors que le fructose des fruits a un index glycémique plus bas, ne provoquant pas d'élévation massive de l'insuline et de la glycémie.

Malgré l'absence d'arguments scientifiques, il est conseillé d'éviter tous les édulcorants, faux sucres et saccharines. Pour ceux qui ne peuvent pas se passer de chocolat, une excellente solution est d'acheter du cacao en barre comme on en trouve aux Antilles ou dans les marchés tropicaux parisiens. Ce cacao en barre se conserve très longtemps, il peut être réduit en poudre et mangé par exemple sur une banane, ou avec de la crème de soja, ce qui permettra d'avoir la saveur du chocolat, mais sans le mauvais sucre et sans le mauvais gras. Bien sûr, un carré de chocolat très noir d'excellente qualité, à croquer petit à petit, reste néanmoins possible. Malgré tout, cet éternel besoin de plaisir humain peut être déplacé du plaisir de l'alimentation grasse - sucrée - salée vers d'autres plaisirs. C'est un réflexe à créer dans son esprit.

En ce qui concerne les repas en société et les restaurants, il s'agira d'établir à chaque fois un raisonnement hiérarchique en s'autorisant des écarts sur les produits que l'on supporte le mieux.

Le rôle du sucre

• Le sucre industriel se transforme aisément en graisse qui va se stocker directement dans la partie basse de notre corps. Il suffit de manger un morceau de sucre de trop par jour (20 calories) par rapport à nos besoins, soit environ 1 % de la consommation énergétique journalière, pour stocker presque 2,2 g de graisse chaque jour dans les cuisses, ce qui correspondra à 0,7 kg par an, soit 7 kg au bout de dix ans. Gardez bien cette image en tête : un morceau de sucre de trop par jour correspond à 7 kg de graisse au bout de dix ans.

• Pour maigrir du bas, il faut donc absolument réduire la quantité de sucre industriel consommé chaque jour ; éviter le saccharose. Quant au faux sucre, s'il est bien démontré qu'il ne se transforme pas en graisse, il peut exister par contre des intolérances alimentaires à la saccharine pouvant conduire à un phénomène de rétention d'eau.

• Cette appétence, ce goût immodéré pour le sucre remonte tout au plus à deux siècles et il serait possible de s'en passer. Avant l'introduction du sucre raffiné dans notre alimentation, l'appétence de nos ancêtres pour l'aliment sucré était beaucoup moins forte. De plus, et en marge de cet ouvrage, songez que cette introduction s'est faite dans de tristes conditions, avec le développement de l'esclavage ! Ce qui est en cause, ce n'est pas uniquement le caractère raffiné industriel du sucre consommé, c'est l'augmentation de l'appétence pour le goût sucré. Et remplacer le sucre blanc par du sucre roux, du sirop d'érable ou du miel n'est qu'un pis-aller.

Des graisses de qualité

Autre notion très importante : c'est la qualité des graisses. Les graisses sont composées d'acides gras. L'un des plus célèbres aujourd'hui est l'acide alpha-linoléique, représentant principal de la famille des oméga 3. Ses dérivés, appelés EPA et DHA, sont également à rechercher. On le trouve dans certaines huiles, de colza, de noix, de lin, de germe de blé, dans les végétaux tels le pourpier et les épinards crus, dans les poissons des mers froides tels le maquereau, le saumon sauvage, le hareng, dans l'huile de foie de morue, dans la viande d'agneau et dans les haricots secs.

D'autres huiles comme l'huile d'olive et de tournesol sont bonnes car elles contiennent des acides gras mono-insaturés, mais pas d'oméga 3. C'est pourquoi les nutritionnistes conseillent aujourd'hui de mélanger l'huile d'olive à l'huile de colza par exemple, ou de consommer du blé germé. Toutes les huiles et graisses mono ou poly-insaturées dont font partie les oméga 3 ont des chaînes d'acides gras souples, qui forment des graisses facilement mobilisables au niveau des cuisses et qui entrent dans la composition de la membrane cellulaire. Par contre, les chaînes d'acides gras saturés sont rigides, très résistantes, ce qui explique qu'on les utilise préférentiellement dans la cuisson, mais elles ont le défaut de se stocker dans les graisses de réserve des cuisses de façon difficilement réversible.

Même les animaux que l'on mange sont faits de ce qu'ils mangent eux-mêmes. Récemment, un article paru dans le « New England Journal of Medicine » a montré que les œufs de poules élevées en batterie contiennent vingt fois moins d'oméga 3 que les œufs de poules qui se nourrissent librement dans la nature. Il est donc incomplet de parler des œufs sans tenir compte de leur qualité, mais seulement en tenant compte de leur quantité globale de lipides, de cholestérol et de leur apport calorique. De bons œufs n'abîmeront pas nos vaisseaux et n'entraîneront pas de stockage de gras dans les cuisses. Il n'en sera pas de même pour les œufs de poules élevées en batterie.

Chapitre 6

Des plantes drainantes

Si des plantes comme la vigne rouge ou le marron d'Inde étaient connues dès l'Antiquité pour leurs vertus décongestives, c'est en 1930 qu'est né le concept de stimulant circulatoire et de plantes drainantes.

Certaines plantes ont montré une action de protecteur vasculaire qui, elle aussi, a pu être mise en évidence avec un appareil appelé un angiostéromètre (mesure de la résistance capillaire). La plupart des plantes de la classe des flavonoïdes ainsi que la vitamine C (découverte en 1936) et la vitamine P (découverte en 1937), appelée aussi vitamine de la perméabilité des vaisseaux, sont de puissants protecteurs vasculaires. Mais celles qui nous intéressent au premier chef ont une action drainante.

Les flavonoïdes

• Vaste classe botanique rassemblant plus de 700 espèces, les flavonoïdes se trouvent dans les agrumes, les pépins de raisin, certaines plantes comme le ruscus ou petit-houx, et le ginkgo biloba, la myrtille et le cassis…

• Les flavonoïdes doivent leur nom au flavedo, qui est la partie blanche qui se trouve dans la peau des agrumes, oranges, citrons et pamplemousses, et qui contient de petites vésicules riches en substance flavonoïde, telles la diosmine et l'hespéridine. La plupart des fruits rouges contiennent des flavonoïdes : cassis, myrtilles, mûres, framboises, fraises, groseilles ainsi que le raisin noir. Les flavonoïdes contenues dans la myrtille s'appellent anthocyanes ; ceux que l'on trouve dans la peau des pommes, les oignons ou le thé s'appellent quercetines, et ceux que l'on retrouve dans les pépins de raisin sont des oligomères procyanidoliques.

Parmi les plantes les plus connues ayant une action drainante, il faut citer la centella asiatica, le cyprès, le fragon appelé aussi petit-houx, le frêne, le gaïac de Cayenne contenant la coumarine, l'hamamélis, le marronnier d'Inde, le mélilot, la myrtille, la rue, le ginkgo biloba, et les pépins de raisin.

Parmi les flavonoïdes, les substances les plus intéressantes sont les citroflavonoïdes qui se trouvent dans les écorces d'agrumes : oranges, citrons ou pamplemousses. Une autre molécule que l'on trouve dans le fragon, appelé aussi petit-houx, est la rutine. Ces deux molécules bénéficient de très nombreuses études qui ont montré leur action sur la circulation veineuse et la perméabilité des capillaires. On les trouve dans certains médicaments phlébotoniques.

La plus prisée des plantes drainantes

L'une des plantes les plus passionnantes est la centella asiatica que l'on appelle aussi hydrocotyle. En plus de son action sur la perméabilité capillaire, elle est la seule plante qui se soit révélée capable d'augmenter la synthèse des fibres collagènes dans la peau et les parois des veines.

Les études concernant cette action sont particulièrement démonstratives et constituent le principal atout de cette plante. Mais ses principes actifs ne sont présents que si elle est cueillie à l'état sauvage. Si elle est cultivée, les principes actifs contre la rétention d'eau, les plus puissants connus à ce jour, sont absents. Tout se passe comme si la plante avait besoin des conditions de vie sauvage, y compris du stress des moussons, pour produire les principes actifs qui la protègent elle-même de cet excès d'humidité.

Aujourd'hui, le meilleur mélange de plantes qu'un médecin puisse prescrire pour aider au drainage de l'eau en excès, est l'association d'un flavonoïde et d'un produit à base de centella asiatica.

L'étonnante centella asiatica

• La centella asiatica pousse dans les forêts de Madagascar. Celles-ci recèlent plus de 10 000 espèces de plantes tropicales dont certaines ne poussent que dans l'île et dont quelques-unes seulement ont été scientifiquement étudiées. Pourtant, au fil des siècles, les populations locales ont accumulé, par l'expérience, une certaine connaissance des propriétés de toutes ces plantes sauvages.

• Depuis quelques années, de grandes entreprises envoient des botanistes pour recueillir sur place cette expérience ancestrale auprès des populations. Ils collectent ensuite les plantes dont les effets semblent particulièrement puissants. Cette cueillette garantit la qualité des plantes récoltées, tout en permettant leur renouvellement naturel dans la forêt.

• La centella asiatica a été particulièrement étudiée. Elle pousse à une altitude d'environ 600 m. Sa découverte par les botanistes modernes date de 1944. Selon la légende, les tigres du Bengale se roulaient sur la plante pour panser leurs plaies, ce qui lui valut le nom indien d'« herbe du tigre ». Elle fut d'abord utilisée sous forme de crème cicatrisante, mais c'est la plante dont le dossier est le plus complet sur l'augmentation de la synthèse du collagène du corps humain et sur son action antirétention d'eau. Mais la molécule est ancienne, et l'on ne communique plus sur elle car les lois du marketing moderne condamnent l'industrie à produire sans cesse du nouveau. On la retrouve pourtant dans plusieurs produits à action drainante, associée à des molécules moins efficaces mais nouvelles qui serviront d'argument pour créer l'effet « nouveauté ».

Les meilleurs cocktails de vitamines

Si le carnet alimentaire révèle une alimentation insuffisante en produits frais, en vitamines, en minéraux, il est extrêmement utile d'ajouter à la prescription de plantes drainantes un complément vitaminique contenant de la vitamine E, véritable protecteur vasculaire, de la vitamine P, de la vitamine C, de la vitamine B6, du zinc et du sélénium.

La vitamine E en particulier, découverte en 1922, possède une action de protection vasculaire. Au tout début de sa découverte, elle est apparue comme la vitamine de la fertilité. Appelée aussi tocophérol, du grec « tokos » qui veut dire progéniture et « pherein » qui veut dire portée, elle s'est révélée indispensable aux animaux pour se reproduire. On a réussi à en faire la synthèse dès 1938 et on a ensuite découvert ses qualités protectrices au niveau de la peau, ses propriétés antioxydantes et antivieillissement.

À la fin des années 1980, on a découvert son rôle de protecteur au niveau des vaisseaux, artères et veines. On s'est aperçu que sa consommation régulière réduisait le risque d'infarctus et qu'un faible taux de vitamine E dans le sang constituait un véritable facteur de risque cardiovasculaire. On sait aujourd'hui qu'elle protège l'ensemble des parois vasculaires, artérielles et veineuses, et que son rôle est d'autant plus efficace qu'elle est associée à la vitamine C et au sélénium. Elle est donnée maintenant en cas de mauvaise circulation veineuse ou lymphatique, ou en cas de rétention d'eau, pour fortifier les veines et les lymphatiques exactement comme la vitamine D peut être donnée pour fortifier les os.

Dans l'alimentation, on trouve la vitamine E dans le blé germé (probablement la source alimentaire la plus riche), dans les noix, les noisettes et les amandes fraîches (60 mg de vitamine E pour 100 g d'amandes), dans les poissons des mers froides, les olives, les avocats, les œufs, la laitue, les carottes, les pommes et le raisin, en particulier dans les pépins de raisin.

Nous devrions en consommer 50 mg par jour ; or, différentes études ont conclu que notre alimentation moderne ne nous en apportait qu'entre 7 et 12 mg par jour. Il faudrait donc soit augmenter la part d'aliments qui en contiennent, en sachant que la vitamine E est sensible à l'oxydation, à la lumière et au chauffage des aliments, soit avoir recours à une supplémentation par gélules.

La supplémentation du régime antirétention d'eau pourrait donc comporter : une plante drainante de la famille des flavonoïdes, de la centella asiatica, des vitamines du groupe E, C, P, B6, du sélénium et du zinc (le magnésium est déjà largement consommé en supplémentation par de nombreuses femmes).

Chapitre 7

La physiothérapie

La physiothérapie vasculaire regroupe les méthodes thérapeutiques qui utilisent les agents naturels physiques tels que l'eau, l'air, la lumière, l'électricité, la chaleur, etc. Ses principes et son efficacité ont été étayés par de récentes études montrant son action bénéfique sur les parois des vaisseaux artériels et veineux.

Au niveau veineux, les méthodes de physiothérapie se divisent en techniques de drainage (drainage lymphatique manuel ou mécanique, aquadrainage lymphatique), et en méthodes de renforcement musculo-veineux, passives telle l'électricité, ou actives telle la gymnastique vasculaire active.

Dans le domaine artériel, les méthodes de physiothérapie peuvent être passives comme l'injection sous-cutanée de gaz carbonique, ou actives comme la déambulation en couloir de marche aquatique. Elles peuvent être pratiquées dans le cadre de cures thermales ou de thalassothérapie.

Situées à part, on trouve les méthodes physiothérapeutiques de prévention des thromboses veineuses profondes :

- les systèmes de compression séquentielle pneumatique tel le SCD (Tyco, Kendall) ;
- les systèmes de repose-pied motorisés ;
- la contention veineuse qui peut également être considérée comme méthode de physiothérapie vasculaire par son action de soutien extérieur, également actif sur le drainage veineux.

Ces cinq dernières années ont été extrêmement riches en publications et en études dans les revues de physiologie et de médecine, démontrant les mécanismes et l'efficacité des méthodes physiothérapeutiques ou l'efficacité de l'activité physique dans la prévention et le traitement des maladies vasculaires artérielles et veineuses.

Quatre études récentes nous ont apporté des éléments nouveaux

- Une étude publiée en 2003 dans le « Journal of Physiology » montre qu'un exercice physique régulier effectué en aérobie, c'est-à-dire en contraction musculaire active obligeant à une augmentation de la fréquence respiratoire – ce qui élimine les techniques de contractions musculaires passives par électrothérapie –, diminue le risque de phlébite lié au vieillissement et à la sédentarité. Non seulement la pratique régulière d'un exercice en aérobie diminue les effets du vieillissement vasculaire, mais surtout cette étude démontre qu'elle est capable de restaurer les vaisseaux, ce qui n'avait encore jamais été démontré dans le monde médical.

• Plusieurs études ont montré l'importance de l'oxyde nitrique, sécrété par les cellules qui tapissent les parois internes des artères et des veines, comme puissant régulateur du tonus artériel et veineux. L'une d'entre elles montre que l'exercice physique régulier est un déterminant essentiel de la sécrétion d'oxyde nitrique et d'EDRF (Endothelium Dependant Relaxing Factor).

• Une étude japonaise publiée en 1999 dans la revue américaine « Circulation » a montré que la pratique de la marche rapide (à 50 % de la consommation maximale d'oxygène) à raison de 30 minutes 5 à 7 fois par semaine pendant 12 semaines, permettait de diminuer la pression artérielle et d'améliorer les artères des sujets modérément hypertendus ne suivant pas de traitement et sans habitudes d'exercice.

Les résultats observés au niveau des artères sont confirmés également au niveau des veines : une étude publiée en 2001 dans l'« American Journal of Physiology » montre l'intérêt d'un exercice régulier en endurance sur l'amélioration du retour veineux des membres inférieurs.

L'exercice physique diminue les risques vasculaires

Ces études récentes confirment que la pratique régulière d'activités physiques à l'âge adulte protège du risque d'accident vasculaire cérébral ; de même, une étude menée chez des femmes âgées de 37 à 69 ans a révélé que marcher environ 10 km par semaine est associé à une diminution de 33 % du risque de survenue d'une maladie cardio-vasculaire.

Déjà évoquées et encore plus passionnantes, les études récentes menées en milieu spatial et au cours d'alitements prolongés (études « bed-rest ») ont montré un intérêt tout particulier d'un certain type d'exercice musculaire des membres inférieurs sur la qualité du retour veineux. Les études menées en milieu spatial par le CNES (Centre national d'études spatiales) dans les stations Mir et ISS ont montré le lien étroit entre le tonus des muscles posturaux et celui des parois des veines intramusculaires évalué par pléthysmographie à air. Si les muscles posturaux fondent, ce qui arrive quand on passe plusieurs semaines en apesanteur, les veines situées dans ces muscles se relâchent, se distendent.

Les études « bed-rest »

• Ces expériences ont permis d'évaluer l'effet d'un alitement prolongé de trois mois sur les muscles et le système veineux de 19 volontaires. 10 d'entre eux ont constitué le groupe témoin. Les 9 autres ont pratiqué un programme d'exercices en résistance, faisant travailler à la fois les muscles posturaux du mollet, de la cuisse et du bassin.

• Dans les 2 groupes, l'alitement de 3 mois a provoqué une fonte musculaire des membres inférieurs de 25 %, de la même façon que l'aurait fait la pose d'un plâtre sur une jambe cassée. Les contrôles des contractions musculaires ont été réalisés grâce à des mesures électromyographiques, à l'utilisation de dynamomètres isocinétiques (Cybex 6000) et de biopsies musculaires pratiquées au niveau des muscles soléaires des mollets. Les contrôles au niveau des veines ont été réalisés par des mesures pléthysmographiques à air, volumétriques et ultrasonores (échographie et Doppler veineux).

• Ce sont les résultats de ces études qui ont permis de mettre au point la gymnastique vasculaire active et les mouvements Fast Gym que nous vous avons proposés.

Les méthodes de la physiothérapie

La physiothérapie vasculaire comporte des méthodes concernant le réseau veineux et lymphatique et des méthodes concernant le réseau artériel. D'une façon pratique, en physiothérapie veineuse, on peut distinguer les **méthodes passives** où le patient reste immobile et « subit » les manipulations du kinésithérapeute ou l'action d'un appareil extérieur, et les **méthodes actives** où ce ne sont pas seulement la main du kinésithérapeute ou l'appareil qui agissent, mais où le patient est lui-même actif. Il peut ainsi effectuer des contractions de ses muscles posturaux en même temps que lui est appliqué un aquadrainage lymphatique.

La **physiothérapie veineuse et lymphatique** comprend des méthodes de drainage d'une part, et des méthodes de renforcement musculo-veineux d'autre part. Les méthodes de drainage peuvent être passives ou actives (drainage lymphatique manuel, pressothérapie mécanique). Parmi les méthodes de drainage actives, la principale est l'aquadrainage lymphatique (ADL). Les méthodes de renforcement musculo-veineux peuvent être passives (électrothérapie) ou actives (gymnastique vasculaire active)

Les **méthodes de physiothérapie artérielle** peuvent être passives (carbothérapie) ou actives (marche en piscine de déambulation ou contractions musculaires en endurance).

D'autres méthodes de physiothérapie vasculaire peuvent être citées, pour la prévention des phlébites par exemple, comme la compression séquentielle pneumatique grâce à des appareillages sophistiqués. La contention veineuse, enfin, est probablement le système physiothérapeutique vasculaire le plus utilisé (par le port d'une paire de collants de contention de classe II, par exemple).

Le drainage lymphatique manuel

Effectué par un kinésithérapeute, ses indications principales sont la rétention d'eau et les œdèmes vasculaires. Le drainage lymphatique manuel consiste à drainer les liquides excédentaires vers les collecteurs lymphatiques en associant des manœuvres de résorption et d'appel.

Un drainage lymphatique manuel dure au minimum 30 à 40 minutes et doit être fait par un kinésithérapeute correctement formé. La pose d'une contention permettra de poursuivre un drainage actif lors de la marche.

Un programme de drainage lymphatique doublé d'une contention doit être associé à un programme de rééducation musculaire adapté (gymnastique musculaire active) ; c'est le rôle du kinésithérapeute de « former » son patient sur ce point.

La pressothérapie

Elle consiste à enfiler autour des jambes des patients des bottes équipées de chambres à air gonflables, superposées depuis les pieds jusqu'à l'aine. L'arrivée d'air se fait par vagues programmées par un appareil central qui détermine la force de la pression, le sens du mouvement et sa durée. Le principe est d'exercer une pression toujours dégressive depuis le bas vers le haut.

L'efficacité de la pressothérapie a également été démontrée dans la prévention des thromboses veineuses profondes.

L'aquadrainage lymphatique

L'aquadrainage lymphatique est une nouvelle méthode de drainage lymphatique des membres inférieurs qui s'effectue en piscine, dans une eau à 30 °C. C'est un drainage actif, car ce n'est plus la main du thérapeute qui travaille, mais le patient lui-même qui effectue des mouvements de gymnastique aquatique face à des jets sous-marins.

Le déroulement de la séance associe une séance de 10 minutes de gymnastique aquatique à une séance de 15 minutes de pédalage sur une bicyclette aquatique, les jambes faisant face à des jets sous-marins exerçant un véritable drainage actif en profondeur sur les tissus cutanéo-graisseux des cuisses, des mollets et des chevilles. Les mouvements de gymnastique aquatique sollicitent particulièrement les muscles posturaux, agonistes et antagonistes, au cours d'un travail en résistance des membres inférieurs.

Les méthodes d'électrostimulation

Les premiers travaux sur l'électrothérapie remontent au début du xxe siècle. Aujourd'hui, plus d'une centaine d'appareils sont proposés aux kinésithérapeutes, dans différentes indications.

On distingue plusieurs applications :
– L'action antalgique (diminution de la douleur) qui est liée à la réduction de la vitesse de conduction de l'influx nerveux par la stimulation électrique. L'efficacité du blocage électrique nerveux serait alors proche de celle observée dans un traitement par médicaments antalgiques.
– Les ondes courtes sont connues pour leurs effets thérapeutiques : elles induisent une vasodilatation capillaire et une diminution des phénomènes douloureux.
– Les ultrasons définis comme des ondes sonores d'une fréquence supérieure à 17 000 Hz (inaudibles par l'oreille humaine) peuvent être utilisés pour leur action thermique et mécanique. L'action thermique est la transformation en chaleur de l'énergie ultrasonore liée au frottement des molécules en vibration.

Au-delà de ces applications de l'électrothérapie, l'utilisation la plus fréquente reste **la stimulation de la contraction musculaire**. De très nombreux appareils sont utilisés par les kinésithérapeutes en rééducation post-traumatique.

Compte tenu du lien étroit entre muscles et veines, 2 applications de l'électrostimulation sont intéressantes dans le traitement des œdèmes des membres inférieurs :

– L'électrostimulation musculaire qui permet de créer des contractions passives en dehors de tout mouvement chez un patient alité ou au repos. Elle permet de conserver la masse musculaire chez un sujet alité. Elle est cependant de moins bonne qualité que la contraction musculaire générée par une gymnastique qui augmente la ventilation pulmonaire. La stimulation électrique musculaire est donc à réserver aux patients réfractaires à tout exercice physique ou aux patients âgés alités (arthrose, période post-chirurgicale).

– L'utilisation d'ondes électriques répétitives de très basse fréquence qui augmentent la tonicité des muscles lisses de la paroi des veines. Il existe un appareil, le Datavein, qui bénéficie de plusieurs études montrant son action sur la réduction des œdèmes des membres inférieurs, sur la prévention des thromboses veineuses profondes des patients alités, ainsi que sur la réduction du diamètre des veines intramusculaires liée à l'augmentation de la tonicité des muscles lisses de la paroi veineuse.

La Gymnastique Vasculaire Active (GVA) ou Fast Gym

Lorsque l'on sait que l'une des principales causes d'abandon de pratique sportive est le manque de temps et de motivation, ce type de programme très court peut permettre d'atteindre et de conserver un objectif raisonnable compatible avec la vie quotidienne.

La contention

C'est le traitement de base de tout œdème vasculaire ; le principe est une compression extérieure venant en compensation d'une pression intraveineuse trop importante.

La contention doit être dégressive, c'est-à-dire plus forte au niveau des chevilles et de moins en moins forte au fur et à mesure que l'on se rapproche de la racine du membre. La contention idéale devrait être parfaitement adaptée à la forme de la jambe, en évitant les zones de striction (contraction) et en tenant compte des reliefs osseux. Le médecin traitant prescrira une paire de collants de contention de classe I ou II (remboursés).

Les indications de la contention regroupent toutes les formes d'œdème, l'insuffisance veinolymphatique, les troubles fonctionnels, la maladie post-phlébitique, la prévention des thromboses.

Les autres méthodes de physiothérapie vasculaire

Elles comprennent :
– Les méthodes de palper-rouler, dont le meilleur représentant actuel est l'appareil Cellu-M6 ou LPG ;
– La poulie-thérapie : parmi les équipements classiques utilisés par les kinésithérapeutes, les cages de poulie-thérapie permettent un exercice musculaire ciblé. Elles

nécessitent un box grillagé qui autorise les suspensions, le travail en résistance grâce à un montage appelé « système filins-poids-poulies ». Elles permettent d'exercer des mouvements dont l'axe est parallèle à celui des articulations, et dont la force est constante grâce à la résistance variable appliquée par les contrepoids.

– Le Fly-Wheel : c'est actuellement l'un des meilleurs appareils pour développer les muscles posturaux, les plus actifs sur le retour veineux et lymphatique. Il s'agit d'un siège coulissant sur lequel le patient s'assoit, auquel fait face une plate-forme qu'il faudra pousser avec les pieds. La résistance de cette plate-forme est conditionnée par un ensemble de poids variables raccordés à un système de poulies.

Les méthodes d'hydrothérapie

L'hydrothérapie est particulièrement intéressante sur le retour veineux. En milieu aquatique, le corps humain devient plus léger, mais ses mouvements se font contre la résistance de l'eau. Par ailleurs, la température est décontracturante, l'équilibre est différent et le sens cinesthésique est stimulé. La rééducation dans l'eau, les massages sous l'eau et l'aqua-gymnastique sont actuellement les techniques reines de décontraction et de stimulation musculaire.

– Les jets sous l'eau : les courants induits par les mouvements ou par des jets sous l'eau stimulent la circulation cutanée et sous-cutanée, tout en ayant un effet favorable sur le tissu conjonctif de la peau. Des patients porteurs de plaques de dermite ocre ou d'hypodermite chronique au niveau des chevilles ont pu constater une amélioration simplement en marchant dans les couloirs de déambulation des piscines des stations de cures thermales.

– La bicyclette aquatique : c'est le meilleur appareillage d'aqua-gymnastique en termes de drainage veineux. Il permet d'effectuer un exercice stimulant à la fois les muscles agonistes et antagonistes. La bicyclette aquatique peut être pratiquée face à des systèmes de jets. Pendant son exercice, le patient reçoit alors un véritable massage hydrique au niveau du bassin, des cuisses et des mollets.

En dernier recours : les médicaments actifs

En matière de rétention d'eau, les médicaments dits actifs s'appellent les **diurétiques**. Ces médicaments sont les produits de véritables progrès de la médecine. Ils sont extrêmement utiles lorsque la rétention d'eau est liée à une maladie des reins, du cœur ou du foie. Mais leur maniement est délicat et leur effet peut être paradoxal. Chaque diurétique a une courbe dose-réponse qui lui est propre, variant d'un patient à l'autre suivant le cas de figure. De plus, le corps va s'adapter à ce médicament et la réponse des reins en termes d'élimination de l'eau et du sel en excès va s'équilibrer en 1 à 2 semaines pour aboutir à la constitution d'un nouvel état d'équilibre.

Notez que ces médicaments ne peuvent s'envisager à long terme que chez des patients ayant perdu leur mécanisme de régulation de l'élimination de l'eau et du sodium, du fait d'une maladie rénale ou hépatique. Ce sont des médicaments de compensation. Chez une personne présentant un phénomène de rétention d'eau lié à une mauvaise circulation veineuse ou lymphatique, à un déséquilibre hormonal ou à la consommation d'aliments « éponges », les diurétiques ne peuvent en aucun cas constituer une solution durable.

Exactement comme les antibiotiques, les diurétiques ne peuvent pas être utilisés comme médicament anti-symptôme sans une bonne compréhension générale du phénomène de rétention d'eau.

Dans l'absolu, les médicaments diurétiques doivent être considérés comme d'excellents médicaments si leur usage est réservé à la rétention d'eau liée aux maladies rénales, cardiaques ou hépatiques, mais ils seront montrés du doigt si leur usage est galvaudé, dès qu'apparaît un début d'œdème, sans analyse de la situation.

Médicaments...

... à l'origine de la rétention d'eau

• Il faut savoir que certains médicaments peuvent entraîner ou aggraver une rétention d'eau. C'est le cas de certains médicaments utilisés pour le cœur ou l'hypertension artérielle que l'on appelle inhibiteurs calciques, ainsi que des médicaments corticoïdes, des dérivés nitrés ou de l'amantadine.

• Enfin, il existe des cas de rétention d'eau résistant à tout programme de traitement bien conduit : lors d'un syndrome lié à un problème thyroïdien, par exemple, que l'on appelle le syndrome de T3 basse. En effet, un problème thyroïdien peut être à l'origine de la formation d'œdème au niveau des membres inférieurs. Parfois, la thyroïde fonctionne correctement, de même que la TSH, l'hormone qui la régule, mais c'est l'utilisation de l'hormone thyroïdienne périphérique qui est en cause. Là encore, seul un médecin expérimenté dans l'équilibre hormonal pourra évoquer et confirmer ce diagnostic.

Chapitre 8

Un programme antirétention d'eau

Une étude réalisée par l'INSERM sur 25 770 personnes âgées de plus de 15 ans, en 2003, a révélé qu'en France plus de 14 millions de personnes avaient un surpoids et que 5 millions étaient obèses. Entre 2000 et 2003, l'obésité a augmenté de 16 % chez les hommes et de 18 % chez les femmes. Plus inquiétant encore, cette prise de poids touche 38 % des Français de 35 à 44 ans.

Il y a deux causes principales identifiées par l'INSERM : un déséquilibre alimentaire et un manque d'activité physique. La nouveauté, c'est que l'on pense aujourd'hui que ce n'est plus tant l'excès de calories qui est en cause, mais le type et la qualité des aliments consommés. Bref, certains d'entre nous ne mangent pas plus, mais ils mangent moins bien.

Comme toujours, les sucres rapides sont montrés du doigt, en particulier tous les sucres industriels, sucre blanc en morceaux, aliments et boissons sucrés, barres de chocolat, pâtisseries, biscuits sucrés, bonbons...

Idem pour les aliments riches en mauvaises graisses, c'est-à-dire les graisses cuites contenant du cholestérol, des acides gras saturés, mais pas d'oméga 3. L'accent est mis par les nutritionnistes sur des détails étonnants et méconnus : un croissant, par exemple, contient presque autant de calories qu'un sandwich aux rillettes. De la même façon qu'il y a autant de calories dans une grosse poignée de cacahuètes ou d'amandes salées que dans un repas standard !

Le grignotage est bien sûr toujours considéré comme l'ennemi numéro un. Quant à l'activité physique, les nutritionnistes rappellent que lorsqu'on consomme des sucres rapides ou des mauvaises graisses et que l'on n'est pas en activité physique à ce moment-là, l'organisme stocke ces sucres et ces graisses et les positionne directement dans la cellulite.

Les régimes classiques insuffisants pour maigrir du bas

Dans les régimes classiques, on conseille d'insister sur les sucres lents, tels le pain, les pâtes, le riz et les légumineuses. Beaucoup de femmes appliquent ces mesures qui restent malgré tout insuffisantes pour leur faire perdre la graisse de la moitié inférieure du corps. Nous avons vu que cette graisse était particulière, compactée et associée à un phénomène de rétention d'eau qui, à lui seul, peut être responsable d'un surpoids variant de 4 à 17 kg. Toutes les mesures proposées aujourd'hui par les nutritionnistes sont justifiées mais encore insuffisantes, car elles ne tiennent pas compte de ce phénomène de rétention d'eau.

À ces notions classiques, il faut ajouter le rôle du cerveau émotionnel, essentiel pour comprendre nos comportements alimentaires. Beaucoup d'entre nous ont du mal à identifier leurs différents états émotionnels et à les gérer. La vie de certaines femmes dont la journée commence tôt le matin à préparer les enfants, à supporter les transports, à assumer les contraintes d'une vie professionnelle active, puis le soir à s'occuper de nouveau de leur famille pour ne s'arrêter que la nuit venue pour dormir, est une source de pression permanente difficile à gérer. Réminiscence de blessures anciennes ou stress d'une vie quotidienne complexe, certaines vont compenser par des pulsions alimentaires en ne sachant plus reconnaître la nature de leurs véritables besoins.

La sensation de faim entre les repas est en général une fausse faim qui ne correspond pas à un besoin réel de cellules sous-alimentées. C'est l'un des signes de ces troubles du comportement alimentaire ; de même, le besoin de manger quelque chose en cas de contrariété. Alors que le corps demande « un peu de repos ou de rire », le cerveau ne retient qu'une sensation de besoin traduite par la seule denrée immédiatement disponible : la nourriture.

De la même façon, nous avons de véritables sentinelles de régulation dans notre corps qui nous permettent, lorsque nous sommes équilibrés, de désirer les aliments dont nous avons besoin. Un exemple : après avoir mangé beaucoup de fruits ou de légumes, notre corps peut demander des aliments plus consistants, tels les protéines ou les graisses. Et là encore, nous risquons d'interpréter cette demande par l'envie d'avaler un biscuit ou un morceau de chocolat, bien sûr consistants, mais totalement dépourvus de nutriments constructifs. On appelle cette aptitude à identifier et à gérer nos sensations et nos émotions au quotidien « l'intelligence émotionnelle ».

Le rôle du nutritionniste

Réagir normalement sous la pression de nos émotions, créer de nouveaux réflexes comportementaux, redécouvrir nos sentinelles de régulation, c'est-à-dire cet instinct qui nous donne envie des aliments qui nous font du bien, est l'un des objectifs du nutritionniste.

Il ne suffit pas de savoir qu'il faut réduire les sucres et les mauvaises graisses pour maigrir du bas, encore fautil arriver à contrôler ses pulsions vers les aliments gras, sucrés ou salés.

Un programme pour 3 objectifs

Le Programme antirétention d'eau (Paréau) comporte 3 objectifs :

- Agir contre la graisse en supprimant les sucres industriels et les mauvaises graisses alimentaires, et surtout en apprenant à gérer ses pulsions alimentaires vers les aliments sucrés, gras et salés.

- Agir contre la rétention d'eau en améliorant le retour veineux et lymphatique, et en particulier en fortifiant nos muscles posturaux grâce à la Fast Gym, en supprimant les aliments « éponges » (ce qui ne concerne qu'une fraction des personnes souffrant de rétention d'eau) et en maintenant un bon équilibre hormonal.

- Drainer l'excès d'eau par les plantes et par les méthodes de physiothérapie (aquadrainage, Cellu M6).

Comme vous pouvez le constater, les deux nouveautés du programme antirétention d'eau sont l'élimination des aliments « éponges » et l'action au niveau musculaire sur les muscles les plus importants qui sont les muscles posturaux. Les 8 minutes quotidiennes d'entraînement des muscles posturaux sont un minimum pour soutenir les veines profondes et limiter la rétention d'eau liée à une mauvaise circulation veineuse.

Cette Fast Gym n'agit pas directement sur la graisse cellulitique, mais sur la rétention d'eau et sur la circulation sanguine, ce qui permet une meilleure vascularisation des zones engorgées par la cellulite. Elle permet également d'améliorer la tonicité de la peau. La séance de Fast Gym quotidienne du matin peut être précédée par l'application d'une crème anticellulite à la caféine, seule substance médicamenteuse ayant démontré un effet sur la cellulite. L'application de la crème peut être l'occasion d'effectuer un automassage en palper-rouler, qui permet d'assouplir la fibrose entourant la graisse cellulitique, de stimuler la microcirculation locale, en particulier lymphatique, et de mobiliser les graisses.

Le programme antirétention d'eau commence sur une période de 15 jours qui peut être préparée de la façon suivante :

• Prévoyez au moins 1/2 journée (pourquoi pas dans le week-end ?) pendant laquelle vous consacrerez 1 h à faire des courses dans un marché de produits frais. Le même jour, consacrez une autre heure à préparer à l'avance un certain nombre de plats. Vous aurez ainsi toujours dans votre réfrigérateur un produit prêt à être consommé en fin de journée, lorsque vous rentrerez fatiguée, sans aucune envie de préparer quelque chose : ce sont des moments dangereux, propices à la survenue de pulsions pour les solutions de facilité comme la nourriture toute prête industrialisée.

• Pendant cette période de 15 jours, vous supprimerez en priorité tous les aliments contenant du sucre industriel ainsi que les faux sucres comme l'aspartam, les graisses cuites, les aliments trop salés, les animaux d'élevage intensif, les produits à base de farine de blé blanche et les fromages cuits.

Déroulement de la cure : Fast Gym et alimentation

>> Samedi

Dès le lever

- 8 minutes de Fast Gym.

D'un point de vue physiologique, le matin est le meilleur moment. (Peut-être préférerez-vous stimuler vos muscles posturaux au travail, à votre bureau. C'est possible !).

Compléments alimentaires

À prendre à jeun ou au cours du petit déjeuner :

- 2 gélules de centella asiatica ;
- 10 à 15 mg de vitamine E ;
- 50 à 100 mg de vitamine C ;
- 5 mg de vitamine B6 ;
- 50 µg de sélénium ;
- 15 mg de zinc.

Petit déjeuner

- 1 thé ou 1 café, de préférence sans lait, ni sucre ni édulcorant ;
- 2 ou 3 galettes de riz soufflé
  – ou 2 ou 3 tranches de pain de seigle complet ;
- 1 corps gras : au mieux 1/2 avocat
  – sinon 1 petite noisette de beurre frais ;

  Pas de margarine, ni de confiture !

Facultatif : le petit déjeuner peut également être étoffé avec 1 œuf coque et 1 yaourt entier ou au bifidus, sans sucre ni édulcorant.

Dans la matinée

Faites vos courses pour la semaine

Prenez 1 h pour faire vos courses de produits frais pour la semaine

Au marché

- Achetez des fruits et des légumes : 2 kg d'oranges, 6 pamplemousses, 1 ananas, des fruits de saison (en particulier des fruits rouges l'été : mûres, fraises, framboises, cassis, myrtilles…).
- Achetez quelques légumineuses pour en consommer chaque jour de la semaine · lentilles, haricots blancs, pois, fèves…
- Pensez également aux protéines : poulet fermier rôti entier, poissons frais à consommer le week-end avec une préférence pour les poissons riches en oméga 3 comme le saumon sauvage et le

maquereau, éventuellement des poissons surgelés nature pour la semaine, entiers ou en filets, des œufs de poules élevées en plein air et de la viande rouge de bonne qualité pour les amateurs. Tous les assaisonnements et les condiments sont utiles : ail, oignons, herbes et épices, en évitant les assaisonnements tout prêts qui contiennent des conservateurs, des stabilisants, des homogénéisants et des antioxydants.

Dans un magasin diététique

- Pensez au riz complet à cuire, aux galettes de riz soufflé, au pain complet de seigle, au jus de pomme et au jus de raisin biologiques.
- N'oubliez pas les céréales à faire germer : blé, soja, sarrasin…
- C'est aussi l'endroit idéal pour acheter de bonnes huiles pressées à froid et non hydrogénées : huile d'olive, de colza, de pépins de raisin…

Cuisinez !

Consacrez une autre heure à préparer les aliments que vous conserverez au réfrigérateur pour la semaine à venir.

- Plats de légumes avec cuisson à la vapeur (15 à 30 minutes selon les légumes) ou à la Cocotte-Minute (10 à 15 minutes selon les légumes).
- Préparez une partie de ces légumes directement en soupe conservée au réfrigérateur 3 à 4 jours, qui pourra être consommée le soir en rentrant chez soi ou emportée au travail dans une bouteille Thermos.

- Simultanément, préparez un grand plat de légumes pour la semaine : haricots verts, poireaux-carottes, brocolis... Apprenez à les préparer de façon agréable. Les brocolis par exemple peuvent être délicieux ou insipides selon la façon dont on les prépare. Ils doivent être légèrement croquants, c'est-à-dire pas trop cuits. Ils peuvent être accompagnés d'un corps gras, par exemple des noix décortiquées dispersées dans le plat et d'un petit jus légèrement salé qui peut être récupéré d'une préparation protéinée ou du bouillon des légumes.
- Préparez également une grande casserole d'un sucre lent de bonne qualité : du riz complet (cuire au moins 40 minutes, puis laisser reposer avec un excès d'eau pour qu'il continue à gonfler) ou bien une légumineuse comme les lentilles, riches en protéines et en fer, délicieuses si elles sont bien préparées.
- Prévoyez en permanence dans votre réfrigérateur pour les 3 jours suivants, outre le grand saladier de soupe et la réserve de légumes cuits à la vapeur, une ou plusieurs sources de protéines : poulet rôti, poissons, œufs ou viande rouge.
- Les adeptes du pain éviteront le pain de blé et préféreront le pain de seigle complet ; au moins pour la période des 15 premiers jours.

Respirez !

En plus des occupations familiales, le samedi et le dimanche sont des journées idéales pour s'oxygéner, pratiquer une marche prolongée ou de la bicyclette…

Renouez avec les fruits !

N'hésitez pas à prévoir dans la journée un petit encas à base de fruits ou de jus d'agrume frais pressé. Manger des fruits en dehors ou au début des repas, c'est idéal. En effet, la plupart des fruits se digèrent dans le duodénum après l'estomac. Leur mélange avec des sucres lents, des protéines et des graisses peut favoriser les réactions de fermentation et de putréfaction. Mais la flore intestinale peut être différente suivant les personnes. Celles qui ont déjà l'habitude de manger beaucoup de fruits et de légumes n'auront aucun problème à les digérer. Celles dont la flore intestinale n'est plus adaptée à ce type d'alimentation devront se réhabituer progressivement. Mais on peut vivre très bien en ne mangeant que peu de fruits et de légumes crus. Il est néanmoins conseillé dans ce cas de garder une part importante de légumes cuits.

Déjeuner

- 1 assiette de crudités + 1 cuil. à soupe d'huile d'olive ;
- 1 poisson frais ;
- légumes verts à volonté ;
- 1 yaourt au lait entier ou au bifidus.

Dîner

- 1 assiette de crudités (salade de concombre + sauce au fromage blanc, carottes râpées + vinaigrette à l'huile d'olive...) ;
- 1 œuf ;
- 1 tranche de pain complet au seigle ;
- 1 compote de pommes.

>> Dimanche

Dès le lever

Après avoir fait une grasse matinée...
- 8 minutes de Fast Gym

Compléments alimentaires

À prendre à jeun ou au cours du petit déjeuner :
- 2 gélules de centella asiatica ;
- 10 à 15 mg de vitamine E ;
- 50 à 100 mg de vitamine C ;
- 5 mg de vitamine B6 ;
- 50 µg de sélénium ;
- 15 mg de zinc.

Petit déjeuner

Pour ceux qui aiment manger le matin, le dimanche est le meilleur jour pour s'offrir un bon petit déjeuner.

- 1 thé ou 1 café, de préférence sans lait, ni sucre ni édulcorant ;
- 1 bol de riz complet ;
- du sirop d'érable (le minimum pour sucrer le riz) ;
  – ou des dattes fraîches (toujours le minimum pour sucrer le riz) ;
  Comme toujours avec un sucre lent, essayez d'associer un corps gras comme :
- 1/2 avocat frais ;
  – ou 1 petite noisette de beurre frais ;
  – ou quelques noix ou amandes fraîches ;

Pas de margarine, ni de confiture !

Dans la matinée

Le dimanche matin est un excellent moment pour convaincre toute la petite famille de l'intérêt d'une grande balade en forêt, ou d'une promenade en vélo sur les quais du fleuve le plus proche…

Déjeuner à l'extérieur

C'est aussi le meilleur moment pour placer la soupape de sécurité où l'on peut s'autoriser quelques excès (détente, exercice physique, oxygénation…).

Dîner

- 1 salade composée + si possible, quelques graines de blé germé ;
- 1 poisson ;

- des légumes verts ;
- 1 salade de fruits frais ;
  – ou 1 laitage.

Tous les produits « fragiles », tels que le poisson ou les crudités, sont à consommer de préférence le week-end, de même ceux qui nécessitent une petite préparation.
Malgré tout, vous pouvez conserver des crudités 3 à 4 jours dans le bac du bas du réfrigérateur (feuilles de laitue mouillées et enveloppées d'un chiffon humide).

Pour les sportives

Si elles ont pu pratiquer 1 ou 2 séances de sport le samedi et le dimanche, il faudra qu'elles prévoient une 3e séance dans la semaine.

>> Lundi

Dès le lever

- 8 minutes de Fast Gym.

D'un point de vue physiologique, le matin est le meilleur moment.

Compléments alimentaires

À prendre à jeun ou au cours du petit déjeuner :

- 2 gélules de centella asiatica ;
- 10 à 15 mg de vitamine E ;

- 50 à 100 mg de vitamine C ;
- 5 mg de vitamine B6 ;
- 50 µg de sélénium ;
- 15 mg de zinc.

Petit déjeuner

- 1 thé ou 1 café, de préférence sans lait, ni sucre ni édulcorant ;
- 2 à 4 tranches de pain de seigle complet ;
  – ou des galettes de riz soufflé ;
  – ou 1 bol de riz complet, légèrement sucré avec du sirop d'érable ;
- 1 corps gras : au mieux 1/2 avocat ;
  – sinon quelques noix ;
  – ou 1 petite noisette de beurre frais ;
  Il est également possible de mettre 1 cuil. à soupe d'huile d'olive dans le bol de riz complet ;
- 1 yaourt au lait entier ou au bifidus ;
  Pas de margarine, ni de confiture !

Dans la journée

Si vous n'êtes pas cloué dans un bureau, multipliez les occasions de marcher, de monter des escaliers… Certains exercices qui stimulent les muscles posturaux peuvent être effectués assis à son bureau, si l'envie s'en fait sentir.

Déjeuner

- 1 soupe (dans une bouteille Thermos), l'hiver ; ou 1 salade apporté de la maison ou achetée à proximité, l'été ;
- quelques tranches de pain de seigle complet ;
- si possible, une protéine (viande, poisson).

Dîner

- radis roses à volonté ;
- fromage blanc à 40 % M.G. aux fines herbes. Le lundi est le jour où l'on attaque ses réserves (stress fréquent de début de semaine, fatigue, manque de temps...). C'est le moment de faire réchauffer ce que l'on a préparé le samedi :
- des légumes verts cuits ;
- des lentilles ;
  - ou des haricots blancs ;
  - ou du pain de seigle complet ;
  - et (facultatif) 1 œuf coque, pour les protéines ;
- au dessert, terminez la compote de la veille.

>> Mardi

Dès le lever

- 8 minutes de Fast Gym.

Compléments alimentaires

À prendre à jeun ou au cours du petit déjeuner :

- 2 gélules de centella asiatica ;
- 10 à 15 mg de vitamine E ;
- 50 à 100 mg de vitamine C ;
- 5 mg de vitamine B6 ;
- 50 µg de sélénium ;
- 15 mg de zinc.

Petit déjeuner

- 1 thé ou 1 café, de préférence sans lait, ni sucre ni édulcorant ;
- 2 à 4 tranches de pain de seigle complet ;
  – ou des galettes de riz soufflé ;
  – ou 1 bol de riz complet, légèrement sucré avec du sirop d'érable ;
- 1 corps gras : au mieux 1/2 avocat ;
  – sinon quelques noix ;
  – ou 1 petite noisette de beurre frais ;
  Il est également possible de mettre 1 cuil. à soupe d'huile d'olive dans le bol de riz complet ;
- 1 yaourt au lait entier ou au bifidus.

Pas de margarine, ni de confiture !

Déjeuner

- 1 salade verte
  – ou 1 salade de tomates ;
  – ou 1 salade de concombres ;
  – ou 1 salade de carottes ;
  – ou 1 soupe (dans une bouteille Thermos) ;
  – ou 1 bol de riz complet, légèrement sucré avec du sirop d'érable ;

- 3 tranches de pain de seigle complet ;
- si possible, une protéine (viande, poisson).

Dîner

- 1 salade composée
  – ou 1 soupe ;
- 1 bol de légumineuses (lentilles, haricots blancs, petits pois frais, fèves) ;
- du poisson ou du poulet.

>> Mercredi

Dès le lever

- 8 minutes de Fast Gym.

Compléments alimentaires

À prendre à jeun ou au cours du petit déjeuner :

- 2 gélules de centella asiatica ;
- 10 à 15 mg de vitamine E ;
- 50 à 100 mg de vitamine C ;
- 5 mg de vitamine B6 ;
- 50 µg de sélénium ;
- 15 mg de zinc.

Petit déjeuner

- 1 thé ou 1 café, de préférence sans lait, ni sucre ni édulcorant ;

- 2 à 4 tranches de pain de seigle complet ;
  – ou des galettes de riz soufflé ;
  – ou 1 bol de riz complet, légèrement sucré avec du sirop d'érable ;
- 1 corps gras : au mieux 1/2 avocat ;
  – sinon quelques noix ;
  – ou 1 petite noisette de beurre frais ;
  Il est également possible de mettre 1 cuil. à soupe d'huile d'olive dans le bol de riz complet ;
- 1 yaourt au lait entier ou au bifidus.

  Pas de margarine, ni de confiture !

Déjeuner

Offrez-vous 1 ou 2 fois dans la semaine un restaurant, de préférence à midi, mais apprenez à gérer. Repas d'affaires ou repas détente, il va être difficile d'afficher une différence. Pourtant, de plus en plus de personnes se préoccupent de leur hygiène alimentaire et il y a fort à parier que vos compagnons de repas y seront sensibles. Dans tous les cas, vous choisirez de préférence les assiettes de crudités, les poissons, les viandes rouges ou volailles grillées avec des légumes. Puis vous ferez suivre d'une salade de fruits, le tout accompagné d'eau minérale ou, pour les amateurs, d'un verre de très bon vin rouge.
Lors de la commande, demandez que l'on vous prépare des plats sans sauce et avec le minimum de sel. Demandez également, si c'est possible, un citron et de l'huile d'olive pour préparer vos assaisonnements vous-même.

C'est jour de marché ?

S'il vous est possible d'envisager le mercredi le réapprovisionnement en produits frais, fruits, légumes et poissons, c'est l'idéal pour finir la semaine, le jeudi et le vendredi.

Dîner

Le mercredi soir est la soirée idéale pour s'occuper de soi et de sa famille (si les deux sont compatibles). Si vous rentrez malgré tout fatigué, mangez d'abord en finissant légumes, légumineuses et protéines qui restent, puis préparez de nouveaux plats et de nouvelles casseroles pour les 2 jours suivants. Si au contraire vous êtes encore en forme, commencez par cuire les provisions des jours suivants en faisant cuire pour le repas du soir un poisson frais avec des légumes frais.

>> Jeudi, vendredi et la suite

Ils seront sur le même modèle que les jours précédents. La variété peut être extraordinaire si l'on sait jouer avec les produits de saison : asperges, petits pois, artichauts, courgettes, tomates, haricots, champignons... C'est là que se trouve la véritable variété alimentaire, la véritable imagination, et non pas dans la profusion de produits tout prêts qui n'est qu'une apparence de variété. De même, il n'est pas nécessaire de savoir cuisiner pour manger sainement. Ce qui devrait faire le goût des aliments, c'est leur qualité et leur fraîcheur et non leur transformation et leur assaisonnement excessif (dont le seul intérêt est d'ailleurs de masquer l'absence de fraîcheur).

L'une des clés de l'équilibre se trouve dans l'éducation du goût dès l'enfance en se méfiant de la tendance croissante à rechercher les aliments gras, sucrés et salés.

Une orange, une belle sole fraîche, un plat de petits pois frais donnent infiniment plus de plaisir, la subtilité en prime, qu'un aliment gras et sucré.

Conclusion

La graisse de la moitié inférieure du corps est différente de celle de la moitié supérieure. Plus compactée, associée à la fibrose et à la rétention d'eau, elle est plus difficile à déloger.

Le phénomène de rétention d'eau peut être détecté et quantifié en milieu médical. Il est lié à une mauvaise circulation veineuse ou lymphatique, à un déséquilibre hormonal ou à une intolérance aux aliments « éponges ». Parmi les méthodes qui agissent sur les troubles circulatoires (drainage lymphatique, Cellu M6), la gymnastique vasculaire active ou Fast Gym, que l'on peut pratiquer chez soi en seulement 8 minutes quotidiennes, et l'aquadrainage lymphatique en piscine, sont des nouveautés.

D'un point de vue alimentaire, le régime antirétention d'eau vise à reconnaître dans un premier temps une éventuelle intolérance conduisant au stockage de peptides retenant l'eau dans les tissus interstitiels. Ses grandes lignes consistent à limiter les aliments industrialisés, gras, sucrés ou salés.

La répartition des repas dans la journée compte : le petit déjeuner est le meilleur moment pour les glucides lents et les graisses non cuites, sans excès de cholestérol, riches en oméga 3 et en acides gras polyinsaturés.

Pour le déjeuner, on favorisera les légumineuses et les protéines (viande ou poisson). Dans l'après-midi, un en-cas de fruits sera le bienvenu. Quant au dîner, il se fera le plus tôt possible dans la soirée et sera surtout le plus léger possible.

Mais le plus difficile dans ce domaine reste l'identification des aliments qui ne conviennent pas à une personne donnée, favorisant intolérance alimentaire et rétention d'eau, et de gérer les compulsions alimentaires dans les moments de stress ou de fatigue. Tout cela dans un contexte où nos habitudes liées à l'éducation moderne du goût nous conduisent vers les aliments industrialisés, raffinés, transformés, trop sucrés, gras ou salés.

L'ensemble des recherches récentes en nutrition amène à constater l'importance de l'alimentation et de l'exercice physique dans le maintien d'une silhouette harmonieuse.

L'originalité de ces nouvelles techniques – gymnastique vasculaire active, aquadrainage lymphatique, régime antirétention d'eau – est de cibler les éléments les plus efficaces en tenant compte des nouvelles contraintes de la vie moderne.

Adresses utiles

Pour faire un bilan de rétention d'eau

- **CETO** (Centre d'Exploration et de Traitement des Œdèmes)
  113, avenue Victor-Hugo
  75116 Paris
  Tél. : 01.44.05.37.37

Pour pratiquer l'aquadrainage lymphatique et la bicyclette aquatique

- **ICA** (Institut Cellulite Aquagym)
  76, boulevard Malesherbes
  75008 Paris
  Tél. : 01.43.59.01.02

- **Centre de Thalassothérapie de Carnac**
  (Bretagne sud)
  2, avenue de l'Atlantique
  56340 Carnac
  Tél. : 02.97.52.52.00 ou 02.97.52.53.54

Bibliographie

1 Blanchemaison P. et coll.
La gymnastique vasculaire active : principes et techniques.
Angiologie, 2003 ; 55, 4 : 46-51.

2. Stick C. et coll.
Measurements of volume changes and venous pressure in the human lower leg during walking and running.
J Appl Physiol, 1992 ; 72 : 2063-8.

3. Guezennec Y., Louisy S.
Modifications de la compliance veineuse suivant le type d'entraînement physique.
Phlébologie, 1995 ; 48, 4 : 463-4.

4. Neiwel P.C. et coll.
Calf blood flow and posture : doppler ultrasound measurments during and after exercice.
J Appl Physiol, 1992 ; 72 : 1975-80.

5. Elbeze Y. et coll.
Écho-doppler veineux au repos et à l'effort chez le sportif de bon niveau.
Phlébologie, 1995 ; 48, 4 : 445-50.

6. Blanchemaison P., Guell A.
Angiologie et espace.
Angiologie, 2003 ; 55, 2, 64-67.

7. Chanvallon C.
Les contraintes physiologiques vasculaires périphériques générées par divers types d'activité sportive.
Phlébologie, 1995 ; 48, 4 : 451-3.

8. Brunner U.
Cyclisme et saphène externe.
Phlébologie, 1995 ; 48, 4 : 469-72.

9. Lemaire R.
La circulation de retour chez le sportif.
Phlébologie, 1980 ; 33 : 451-9.

10. Larroque P., Clement R. et coll.
Le syndrome des loges des jambes.
S T V, 1992 ; 4 : 413-9.

11. Chauveau M.
Hémodynamique veineuse et exercice musculaire.
Phlébologie, 1995 ; 48, 4 : 421-5.

12. Joly B. et coll.
Assistance au retour veineux : flexion dorsale ou flexion plantaire du pied ?
Ann Kinesit, 1998 ; 25, 2 : 50-4

13. Blanchemaison P.
L'aquadrainage lymphatique : une nouvelle méthode de traitement de la rétention d'eau et de l'œdème.
Phlébologie, 2004 ; 57, 1.

Table des Matières

Chapitre 8

Conception graphique : Marie-Christine Pinaux
Illustrations : Christiane Schaeffer Cinqualbre

*Composition I.G.S.-Charente-Photogravure
et impression Bussière Camedan Imprimeries
en juin 2004.*

N° d'édition : 22790. – N° d'impression : 042718/4.
Dépôt légal : avril 2004.
Imprimé en France.